KB186824

스트레스 제로인
사람의 STRESS ZERO 머릿속

STRESS ZERO NO IKIKATA

Copyright © 2019 by Testosterone

All rights reserved.

First published in Japan in 2019 by Kizuna Publishing.

Korean translation rights arranged with PHP Institute, Inc.

through EntersKorea Co.,Ltd.

스트레스 제로인
사람의 STRESS ZERO 머릿속

초판 1쇄 발행 2021년 5월 6일
초판 2쇄 발행 2021년 10월 21일

지은이	테스토스테론
옮긴이	권혜미
펴낸이	이희철
기획편집	김정연
마케팅	이기연
북디자인	디자인홍시
펴낸곳	책이있는풍경

등록	제313-2004-00243호(2004년 10월 19일)
주소	서울시 마포구 월드컵로31길 62(망원동, 1층)
전화	02-394-7830(대)
팩스	02-394-7832
이메일	chekpoong@naver.com
홈페이지	www.chaekpung.com

ISBN	979-11-88041-35-0 03190

값은 뒤표지에 있습니다.
잘못된 책은 바꿔드립니다.

스트레스 제로인 사람의 머릿속

테스토스테론
Testosterone | 권혜미 옮김

마음이 가벼워지는 100가지 습관

인간관계,
돈, 일, 건강, 미래
모든 고민을
날려버린다!

NON STRESS ZONE

억지 의욕을
그만둔다
—
비교를
그만둔다

나쁜
인간관계를
버린다
—
정말 괴로울 때는
도망친다

책/이/있/는/풍/경

CONTENTS

버리다

CHAPTER **2**

CHAPTER 3

도망치다

결심하다

CHAPTER **6**

CHAPTER

7

웨이트 트레이닝

스트레스 제로인
사람들의 머릿속

안녕. 내 이름은 테스토스테론이다. 나를 잘 모르는 사람들을 위해 우선은 내 소개부터 간단히 해보겠다.

한마디로 말하면 나는 '웨이트 트레이닝과 그것을 전파하는 일을 인생의 본업으로 삼으면서도 그와는 전혀 관계없는 업계에서 사장직을 맡고 있는 이상한 놈'이다. 웨이트 트레이닝을 하는 시간이 내 인생의 주이고 일은 트레이닝을 하지 않을 때만 하기 때문에, 그 점을 꼭 알아두길 바란다! (뭐, 아무래도 상관없지만.)

그럼 나는 왜 이렇게 웨이트 트레이닝에 집착하는 걸까? 그 이유는 내 성장과정에 기인한다.

나는 일본에서 태어나 인생 대부분을 비만으로 살았다. (열여섯 살 때의 몸무게가 110킬로그램이었다.) 열여섯 살 때 홀로 미국으로 건너가 처음으로 웨이트 트레이닝을 접했고, 트레이닝을 시작한 지 3년 만에 몸무게 40킬로그램 감량에 성공해 비만에서 탈출할 수 있었다. 나는 미국에서 학창시절을 보냈는데, 그때는 공부에 몰두하고 남은 시간을 전부 웨이트 트레이닝과 종합격투기에 쏟아부었다.

오랜 유학생활 끝에 일본으로 돌아왔고, 이곳 사람들은 아직 웨이트 트레이닝의 필요성을 잘 알지 못한다는 사실을 깨달았다. 그때부터 나는 웨이트 트레이닝을 알리는 활동을 시작했다. 그 후 얼마 지나지 않아 대륙으로 나가기 위해 최소한의 중국어를 단기에 습득하고 그곳에서 사업을 펼쳤다.

내 트위터 팔로워들은 이미 다 알고 있겠지만 나는 많은 사업에 실패했고 또 많은 사업을 다시 시작했다. 물론 그런 와중에도 웨이트 트레이닝을 알리는 활동은 계속했다. 현재까지 웨이트 트레이닝 관련 도서를 열 권 이상 집필하고(누적 판매부수 50만 부), 웨이트 트레이닝을 알리는 주요 활동장소인 트위터의 팔로워 수가 86만 명을 돌파(2019년 9월 집필 당시)한 꽤 괜찮은 인생이다.

비만이었고, 학창시절을 해외에서 보냈고, 해외에서 의지할 사람은 나 자신밖에 없었고, 격한 운동에 청춘을 바쳤고, 대학에서 공부에 몰두했고, 해외에서 사업을 펼쳤다.

나는 인플루언서(SNS에서 영향력을 행사하는 일반인)라는 말을 그다지 좋아하지는 않지만, 사람들은 나를 보고 인플루언서라고 말하고, 집필을 열 권 이상 했기 때문에 '선생님'이라고 부르기도 한다.

나는 지금까지 살면서 정말 많은 것들을 경험했다. (뜨거운 연애를 한 적은 없지만.)

자랑처럼 들릴지도 모르지만, 나는 꽤 괜찮은 인생을 보낸 만큼 내 사고방식 또한 나쁘지 않다고 생각한다. 내 나쁘지 않은 사고방식은 스트레스 사회를 살고 있는 현대인에게 많은 도움이 될 것이다.

믿기지 않겠지만, 나에게는 스트레스가 없다.

그야 당연히 가끔은 초조하고 슬플 때도 있지만, 그것은 아주 드문 일이다. 나는 스트레스를 거의 받지 않는다. 인간관계로 마음을 졸이지도 않고, 일로 초조해하지도 않고, 남이 어떻게 생각할지 신경 쓰지도 않고, 화를 참지도 않고, 뭐 어쨌든 스트레스를 받지 않는다.

일상에서는 물론이고 SNS에서도 그것은 마찬가지다. 스트레스 자극제라고 알려진 트위터를 5년 이상 해오면서 팔로워 수도 그만큼 늘었지만, 트위터가 스트레스가 되어 이제 그만 접어야겠다고 생각한 적은 단 한 번도 없었다.

사장직을 맡고 있어서 나에게는 그만큼 일도 많고, 복잡한 안건도 수십 가지에다, 골치 아픈 인간관계도 많이 있다. 그와 병행해 웨이트 트레이닝을 알리는 활동과 집필활동도 하고 있어서 일상은 정말 바쁘게 흘러간다.

그러나 스트레스는 없다.

내 머리가 단순해서 그런 걸까, 나는 이렇다 할 노력이나 멘탈 컨트롤도 하지 않는데 스트레스가 좀처럼 쌓이지 않는다. 그렇다면 내 사고방식을 언어화해 사람들과 공유해야 하지 않을까? 그러면 다른 사람들도 조금은 인생이 편안해지지 않을까? 내 사고방식을 사람들과 공유하는 것이 내 사명은 아닐까?

이런 이유로, 내 머릿속을 보여주기 위해 나는 이 책을 썼다.

그러나 사고방식에 정답 따위는 없다. 자신에게 맞는 사고방식만 자유롭게 선택하면 된다. 또한 자신의 멘탈 상태에 따라서 내 이야기가 불쾌하게 들릴지도 모른다. 그럴 때는 "저 녀석 무슨 소리를 하는 거야!" 하고 무시해도 좋다. **사고방식은 인생을 보다 좋게, 살아가기 쉽게 만들어주는 하나의 도구다. 따라서 자신에게 맞는 방법만 선택하면 그만이다.**

이런 마음가짐으로 이 책을 편안하게 읽어나가고, 당신이 실천할 수 있는 것부터 시작해나가면 스트레스는 분명 줄어들 것이다.

그럼 이제부터 시작해보자.

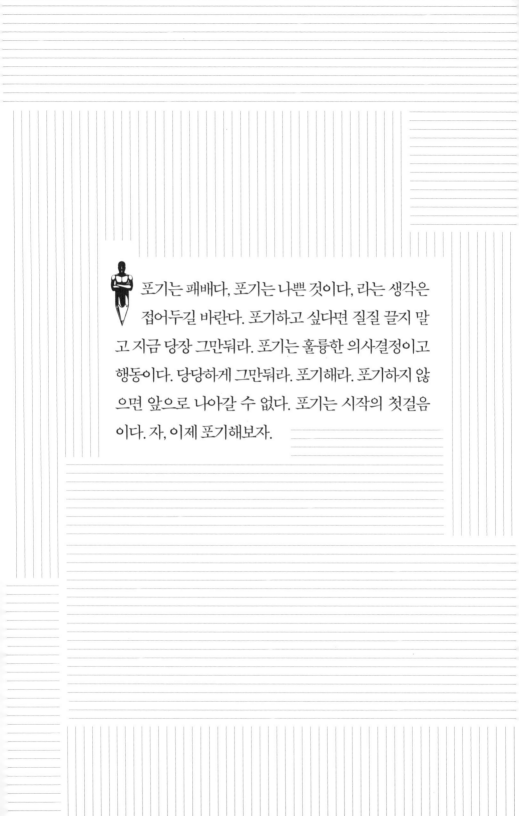

포기는 패배다, 포기는 나쁜 것이다, 라는 생각은
접어두길 바란다. 포기하고 싶다면 질질 끌지 말
고 지금 당장 그만둬라. 포기는 훌륭한 의사결정이고
행동이다. 당당하게 그만둬라. 포기해라. 포기하지 않
으면 앞으로 나아갈 수 없다. 포기는 시작의 첫걸음
이다. 자, 이제 포기해보자.

사회적 잣대 따르기를
그만둔다

01

내가 하고자 하는 일이 현대사회에서 사람들이 말하는 고수입, 안정적인 생활, 높은 지위와는 거리가 멀 수도 있다.

이를테면 내가 그 누구보다 해달을 사랑하고 해달을 키울 때가 가장 행복하고 해달도 나를 잘 따르는 천재적인 사육사라면, 세상이 흔히 말하는 '성공인'이 되기는 어려울지도 모른다. (물론 지금이라면 인기 유튜버나 인스타그래머가 될 수도 있겠지만.)

하지만 그것도 그런대로 좋지 않을까. 부자가 되는 것, 높은 사회적 지위를 갖는 것, 결혼해서 아이를 낳는 것만이 진리는 아니다. 이것은 모두 사회와 시대가 만든 행복의 기준일 뿐이다.

꼭 기억해두길 바란다. **행복의 모습은 결코 하나가 아니다.** 우리에게는 우리에게 맞는 행복이 있다.

물론 아무리 생각해도 부자가 되고 싶고, 결혼해 아이를 낳고 싶다면 자신 안에서 타협을 해야 한다. 그러나 그다지 돈도 필요 없고, 딱히 결혼도 하고 싶지 않다면 세상이 정한 일반적인 행복론에서 벗어나 자신이 하고 싶은 대로 하면 그만이다. 이런 인생 또한 하나의 훌륭한 삶이다.

물론 '내가 하고 싶은 대로 하며 살겠다'고 결론을 내리면 부모나 다른 사람들이 쓸데없는 참견을 할 테지만, 그런 것은 무시하면 된다.

한번 생각해보자. 가난하면 불행해진다, 대기업에 들어가지 못하면 불행해진다, 결혼을 못 하면 불행해진다, 아이를 낳지 않으면 불행해진다, 이러한 말들은 "신을 믿지 않으면 불행해진다."라는 종교단체가 하는 말과 다를 바 없다. 자신이 생각하는 행복의 기준을 다른 사람에게 강요하는 것은 사이비 종교로 꼬드기는 행위와 같다.

세상의 일반적인 생각 따위는 상관없다. 나만 행복하면 그만이다.

자신의 기준을 믿지 못하고 사회적 잣대만 따르다 보면 괴리감만 커지게 된다. 자신만의 기준을 만들자.

해결할 수 없는 일을
고민하는 것을 그만둔다

02

만약 당신이 무언가 고민을 하고 있다면 "이 문제를 내가 해결할 수 있을까?" 하고 자신에게 물어보는 것이 좋다. 만약 스스로 해결할 수 없는 문제라면, 아무리 생각해도 답은 나오지 않을 것이기 때문에 당장 그 고민을 접는 편이 낫다.

자신의 능력 밖에 있는 문제는 아무리 고민해도 해결책이 나오지 않는다. 마음의 부담만 될 뿐이다.

세상에는 내가 절대 해결할 수 없는 문제가 있다. 재능, 환경, 타인의 평가, 타인의 반응, 타인의 행동, 타인의 언동, 천재지변, 자연재해는 내가 아무리 노력해도 절대로 해결되지 않는 문제들이다. 이런 문제들로 고민하면 불안감만 커지고 초조함만 깊어질 뿐이다.

이럴 때는 깔끔하게 상황을 받아들이고 포기하는 것도 중요하다. 노력한다고 다 해결되는 것은 아니다.

포기하라는 말을 들으면 반감이 생길지도 모른다. 하지만 포기해야 할 부분은 깔끔하게 포기하고 힘을 쏟아야 할 문제에 전력을 쏟아야 한다. 흔히 말하는 '선택과 집중'이 바로 이것이다.

'포기'란 바꿔 말해, **헛된 노력을 그만두고 진짜 노력을 하는 것**이다.

뒷걸음질 치는 게 포기가 아니다. 포기는 앞으로 나아가는 것이다.

억지 의욕을
그만둔다

아무리 쥐어짜도 의욕이 생기지 않아 도중에 그만둔 경험은 누구에게나 있을 것이다.

"의욕이 생기지 않는데 어떻게 해야 합니까?"

나는 종종 이런 질문을 받는다. 냉정하게 들릴지도 모르지만, 이럴 때 나는 **"의욕이 생기지 않으면 그만두면 되잖아."**라고 말한다. 의욕이 생기지 않는 진짜 이유는 그 일이 하기 싫어서다. 따라서 그만두면 된다.

인생은 짧다. 하기 싫은 일을 억지로 할 시간이 없다.

애초에 '의욕이 생기지 않는다'는 말은 맞는 말이 아니다. '목표를 달성하고 싶다'는 마음과 '놀고 싶다'는 마음 중 어느 쪽이 강한지 자신에게 물어보면 답은 쉽게 나올 것이다.

'의욕이 생기지 않는다'는 것은 이루고 싶은 목표를 아직 못 만났다는 뜻이다. 반드시 이루고 싶은 목표를 찾게 되면 사람은 멈춰 서려고 해도 그 목표를 향해 나아가게 된다.

사람은 누구에게나 의욕이 샘솟지 않아 자꾸만 가라앉는 시기가 있다. 하지만 그 시기는 내가 정말 하고 싶은 게 무엇인지, 내 진짜 목표가 무엇인지 다시 생각해보는 좋은 계기가 된다. 그다지 이루고 싶지도 않은 목표에 의욕이 생기지 않는 것은 당연하다.

평소 내 지론이지만, **'나의 진짜 목표'를 찾는 시점에서 의욕은 90% 생겨난다.**

그러나 목표는 누구에게나 쉽게 나타나지 않는다. 또한 학업이나 취업, 자격증, 어학, 이직처럼 뚜렷한 목표가 있어야 의욕이 생기는 사람도 있다.

때로는 꼭 해야만 하는 과제가 있을 때도 있다. 그럴 때는 의욕과 상관없이 기계처럼 움직여야 한다. 유감스럽지만 이것밖에는 방법이 없다. 기계가 될 각오를 하라. 미래를 위해 현재를 견뎌라.

걱정을
그만둔다

04

　　걱정하지 마라. 한 치 앞도 모르는 미래를 두고 걱정하는
것은 쓸데없는 시간 낭비다. 마음에 스트레스만 쌓일 뿐이다.

　　앞으로 무슨 일이 일어날지는 아무도 모른다. 따라서 아무리 생
각해봤자 그것은 의미 없는 행동이다.

　　사람은 미지의 세계에 불안을 느낀다. 미래는 미지다. 미래를 생
각하면 불안해지는 것은 당연한 일이다.

　　어차피 인생은 트러블의 연속이라 아직 일어나지도 않은 일, 혹
은 일어날지 알 수 없는 일을 굳이 만들어내 스트레스 받을 필요가
전혀 없다. 그러면 수명만 단축될 뿐이다.

　　걱정은 아무것도 해결해주지 않는다. **우리가 걱정해야 할 것은
미래가 아니라 현재의 마음 상태다.**

한번 시작된 걱정은 멈추지 않는다. 그러니 앉아서 걱정만 하지 말고 실제로 행동을 하라. 그러면 걱정과는 달리 일이 어떻게든 잘 흘러가 기분이 편안해질 것이다.

걱정이란 가상의 적을 만들어내, 그 적에게 시간을 빼앗을 권한과 막대한 심리적 손상을 입힐 권한을 내어주는 어리석은 행동이다.

그러니 걱정하지 말자. 지금을 즐기자.

미래를 두고 걱정할 시간에 미래에 희망을 걸어보자. 그 편이 훨씬 마음 편할 것이다.

억울한 일에 굴복하기를 그만둔다

05

      살아가다 보면 억울하게 욕먹고 손가락질당할 때가 있다. 때마침 상사의 기분이 언짢았다든가, 질 나쁜 고객을 만났다든가, 그런 억울한 일은 빈번하게 일어난다.

    그럴 때는 마음에 담아두지 않고 무시하는 게 상책이다.

    뒤에서 누가 차를 박았을 때는 강하게 나갈 수밖에 없다. 아무리 생각해도 나에게 잘못이 없다면 당당해야 한다.

    인간의 분노는 시한폭탄과 같다. 운이 나쁘게도, 화가 쌓일 대로 쌓여 폭발하기 직전의 사람을 만나게 되면 내가 먹잇감이 되고 만다. 그럴 때마다 자신을 비관하고 속으로 분노를 삼킨다면 나의 정신이 무너질 것이다.

    그리고 착하고 선한 사람일수록 그렇게 생각하기 쉽지만, "내가 잘못한 걸까?" "정말 나에게 책임이 있는 걸까?" 하며 자신을 탓해서는 안 된다. 그러면 우리의 소중한 자존심이 상처받는다.

그렇다고는 해도 상사나 고객에게 대들 수도 없지 않은가. 그럴 때는 **얼굴로는 미안한 척, 반성하는 척하고 속으로는 눈에 힘을 주고 가운뎃손가락을 들어 올리면 된다.** 그 정도의 여유를 갖고 살아가자.

꿈을 갖는 것을
그만둔다

06

많은 사람들이 이렇게 말한다. "꿈을 가져라."

확실히 꿈은 중요하다. 꿈이 명확하면 좌우로 흔들리지 않고 목표를 향해 달려갈 수 있다. 무엇보다도 자신의 진짜 꿈을 발견하면 인생은 재밌어지고, 하루하루가 보람차진다.

하지만 실제로는 "자네는 꿈이 뭔가?"라는 질문에 쉽게 대답할 수 있는 사람이 그다지 많지 않다. 오히려 "내가 하고 싶은 일이 뭘까?" "지금 하는 일은 하기 싫고, 그렇다고 딱히 하고 싶은 일이 있는 것도 아니고……." 이런 고민을 품고 있는 사람이 더 많을 것이다.

이런 식으로 **'꿈의 굴레'**에 빠진 사람이 많다. 꿈을 가지라는 말이 너무 신격화됐기 때문이다. '꿈'은 인생을 윤택하게 만들어주기 위해 존재한다. 그런데 '꿈' 때문에 인생이 괴로워진다면 이것은 주객이 전도된 상황이다.

꿈이 없어 괴로운 당신, 안심해도 좋다. **꿈 따위는 억지로 가질 필요도, 급하게 찾을 필요도 없다.**

원래 꿈은 쉽게 찾을 수 있는 것이 아니다. 큰 꿈이 없어도 자신의 취미를 공부하고, 좋아하는 일을 하면서 그 순간순간을 즐기는 것이 진짜 인생이다.

꿈을 향해 일직선으로 나아갈 필요 없다. 때로는 옆길로 돌아가는 것이 인생을 풍부하게 해준다. 다양한 일을 경험하는 동안에 '나의 천직'을 만날 수도 있으니 초조해하지 말자.

그러는 동안에 실패도 겪을 것이다. 그래도 상관없다. 인생은 모험이다. 위기에 빠지는 것이 당연하다.

꿈의 굴레에서 벗어나 지금을 즐기자. 모험을 즐겨보자.

비관하는 것을
그만둔다

07

나쁜 일이 계속해서 일어나면 "난 뭘 해도 안 되는 놈이야." "왜 나만 이렇게 불행한 걸까?" 하는 생각에 모든 것을 던져버리고 싶겠지만, 침착하길 바란다.

나쁜 일이라는 것은 기본적으로 연속해서 일어난다.

이를테면 병에 걸리면 병원비가 들어가고, 병이 오래가면 직장을 잃게 된다. 직장을 잃으면 수입이 없어지고, 자포자기하게 된다. 그러면 몸도 마음도 최악의 상태가 되고, 성격도 어두워져 애인이나 친구까지 잃게 될 것이다. 이렇듯 불행은 연속으로 일어난다.

연속으로 일어나는 불행은 막기 힘들지만, 그것에 대한 마음가짐은 내가 컨트롤할 수 있다.

"난 뭘 해도 안 되는 놈이야."라고 비관해버리면 불행은 폭주 기관차처럼 멈출 줄 모르고 우리를 벼랑 끝으로 내몰아 버린다.

반대로 **"원래 나쁜 일은 한꺼번에 일어나는 법이야. 내가 한 데 모아 부숴버릴 거니깐 덤벼보라고 해."** 이런 마음가짐을 가지면 적어도 정신은 버틸 수 있다.

포인트는 '불행은 연속해서 일어난다'고 처음부터 각오하는 것이다. 그래야 충격을 견딜 수 있다.

그러나 사실 좋은 일도 "이거 꿈이야, 생시야?" 생각될 정도로 연속해서 일어난다.

물론 그 증거를 들 순 없지만, 인생에는 흐름이라는 것이 있다. 불행이 끝나면 행운이 오는 것은 당연하다. 한번 행운이 들어오면 계속해서 행운이 들어올 것이다. 그래서 인생이 재밌다는 거다.

지금 아무리 힘들어도, 앞으로 계속 불행할 거라고 생각하지 말자. 지금 당장은 되는 일이 없어도 희망을 버리지 말고 앞으로 계속해서 나아가면 행운은 반드시 찾아온다. 포기하지 않아 다행이라고 생각될 때가 반드시 온다.

그러니 초조해하지 말고 천천히 앞으로 나아가자.

당연히 잘될 거라는
생각을 그만둔다

08

　　무언가에 도전해서 실패했을 때 충격받고 좌절하는 사람이 있다. 그럴 때 나는 "당연한 거 아니야? 처음부터 잘될 일이 없잖아."라고 생각한다.

　　미안하지만, 세상사는 모든 게 뜻대로 되지 않는다. 잘되지 않는 것이 당연하다.

　　사람들이 착각하는 게 있다.

　　도전은 출발선이지 결승선이 아니다. 도전해서 실패했다는 건 이제 겨우 출발선에서 한 발 나왔다는 것이다. 실패를 시행착오로 인정하는 것이 도전의 묘미이고, 실패해도 포기하지 않고 끝까지 해내야 성공의 가치가 올라간다.

　　누구나 쉽게 할 수 있는 일에는 큰 가치가 없다. 그렇지 않은

가? 따라서 한두 번 실패했다고 초조해하거나 뒷걸음질 칠 필요
는 없다.

"어차피 잘 안 될 텐데, 뭐." 하며 될 대로 되라는 식으로 도전하
라는 의미가 아니다. 실패까지 예상하는 여유와 각오를 가지라는
뜻이다.

쉽게 잘되지 않을 거라 예상한 후에, 그래도 반드시 이겨낼 거라
믿고 도전해나가는 것이다.

모두와 친해지겠다는
생각을 그만둔다

세상에는 아무래도 대화가 통하지 않는 사람이 있다. '진심을 담아 얘기하면 통할지도 모른다'는 생각은 훌륭하지만, 그래도 말이 통하지 않는 사람과 대화하다 보면 막대한 심리적 스트레스가 쌓이게 된다.

착하고 친절한 사람일수록 이 덫에 걸리기 쉬우니 주의가 필요하다.

세상에는 대화가 통하지 않는 사람도 있다. 이 사실을 꼭 기억해 두자.

인간관계에는 서로 양보가 필요하지만, 상대방이 양보할 생각이 전혀 없다면 나도 양보할 마음을 접어야 한다. 남에게 양보할 마음이 추호도 없는 인간, 자기주장만 내세우는 인간은 골치 아픈 존재다. 그런 사람을 만나면 대화를 포기해야 한다. 그런 사람과 얘기해 봤자 내 혈압만 오를 뿐이니.

대화가 통하지 않는 사람은 지진이나 태풍과 같다. 운이 나빴다고 생각하고 지나치는 것이 상책이다.

실제로 인간관계에서 스트레스를 받지 않는 사람, 감정이 흔들리지 않는 사람은 대부분 대화가 통하지 않는 사람과 소통을 차단하는 속도가 매우 빠르다. "아, 이 사람과는 대화가 통하지 않아."라고 느끼면 단 2초 만에 감정을 닫는다. (직장이라면 감정 OFF, 친구라면 절교.)

착하고 마음 약한 사람일수록 대화가 통하지 않는 사람에게도 친절하게 다가가려고 노력하지만, 그러면 그럴수록 체력도 정신도 탈탈 털리게 될 것이다.

모든 사람과 친해질 필요는 없다. 내가 보장한다.

미움받지 않으려는
노력을 그만둔다

10

미움받기 싫어서 남에게 화 한번 제대로 내지 못하고 스트레스만 잔뜩 받고 있지는 않은가?

물론 원만한 관계를 위해 배려하고, 차별 없이 사람을 대하는 것은 훌륭한 태도다. 그러나 이러한 태도와 미움받지 않으려고 전전 긍긍하는 것은 다르다.

"나는 나답게 최선을 다한다. 그래도 나를 싫어한다면, 그건 어쩔 수 없는 일이다."

이런 쿨한 마음가짐이 없다면 인간관계에 상처받아 쓰러지게 된다.

또 모든 사람에게 사랑받는다는 것은 거의 불가능하다. 불가능한 일에 도전하는 것은 실패만 가져올 뿐이니 마음 단단히 먹어야 한다. 모두에게 사랑을 받으려면 완벽한 인간인 척 연기하는 수밖에 없지만, 세상에는 '모든 사람에게 사랑받는 사람을 싫어하는 인간'도 꽤 많이 있다.

쿨한 사람을 싫어하는 사람도 있고, 모두에게 사랑받는 팔방미인을 싫어하는 사람도 있다. 자신만만한 사람을 싫어하는 사람도 있고, 자신감이 없는 사람을 싫어하는 사람도 있다.

이것은 어쩔 수 없는 일이다. 대통령도, 아이돌도, 배우도 반드시 누군가에게는 미움을 받는다. 아무에게나 방긋방긋 웃는 귀여운 갓난아이조차 미워하는 사람이 있으니 이건 어쩔 수 없는 일인 것이다.

무엇을 하든, 또 반대로 아무것도 하지 않든 이 세상 누군가는 반드시 나를 미워하기 때문에 '모두에게 사랑받겠다'는 생각은 버리는 게 좋다.

그러나 사실 미움받지 않을 방법은 하나 있다. '관심 밖의 존재'가 되는 것이다. 그러면 모두에게 사랑받지도, 미움받지도 않을 것이다. 관심 밖의 존재란 있는지 없는지도 모르는 인간이기 때문이다.

나는 관심 밖의 존재보다 미움받는 존재가 차라리 낫다고 생각한다.

거짓말을
그만둔다

11

거짓말은 하지 말자. 나에게도 남에게도.

속이지도 말자. 올바르고 투명하게 사는 것이 인생 최강 전략이다.

물론 너무 정직하면 손해 볼 때도 있다. 그럴 때는 적당히 거짓말하고 적당히 얼버무리는 사람이 부러워 보일 수도 있을 것이다. 그러나 내가 보증한다. **올바르고 투명하게, 나에게도 남에게도 거짓말하지 않고 진실하게 살다 보면 반드시 후회 없는, 스트레스 없는 인생이 찾아온다.**

아주 사소한 거짓말에도 마음이 무겁고 죄책감이 느껴지지 않는가? 한 번 거짓말을 하면 그 거짓말을 감추기 위해 더 큰 거짓말도 하게 될 것이다. 반대로 거짓말을 하지 않으면 그런 죄책감은 사라진다. 그러면 항상 마음이 평온하고, 자신의 말과 행동에 자신감을 가질 수 있다.

때로는 거짓말을 하거나 남을 속이고 싶을 때도 있을 것이다. 그 마음은 이해한다. 그러나 스스로를 포기하고 부끄러운 거짓말을 하고 남을 속이는 일은 해서는 안 된다.

장담하건대, **나 자신에게 부끄러움 없이 살다 보면 언젠간 반드시 인생은 호전된다.** 반대로 거짓말을 밥 먹듯 하면 인생은 최악으로 전락한다. 이것도 내가 장담할 수 있다.

전력투구를
그만둔다

12

'게으름'이라는 말에 반감을 품는 사람도 있겠지만, 사실 **게으름의 기술은 매우 중요하다.**

성공한 사람들은 모두 게으르다. 그들은 게을러야 할 때에만 게으르기 때문에 쓰러지지 않고 무언가를 꾸준히 할 수 있는 것이다. 꾸준함은 성공의 절대 조건이다.

다만 이것은 농땡이 치라는 의미가 아니다. 착각하지 않길 바란다. 자신의 한계치까지 노력하다 보면 심신이 지쳐 잠시 쉬어야 할 때가 온다. 그럴 때는 게으름을 피워도 좋다는 이야기다.

'게으름은 악'이라는 생각에 모든 일에 전력투구하다 보면 몸과 마음이 지쳐버린다. 인간은 생각 이상으로 약한 동물이다. 따라서 게으름을 잘 피우는 것은 중요한 일이다.

'**게으름을 잘 피운다=우선순위를 잘 안다=일을 잘한다**'라고 말해도 과언이 아니다.

게으름을 잘 피우기 위해서는 한 가지 능력이 필요하다. 그것은 노력해야 할 때와 쉬어야 할 때를 잘 파악하는 능력이다.

이를테면 프레젠테이션용 파워포인트를 만들 때 가장 중요한 것은 결론과 그것을 뒷받침할 데이터인데, 우선순위를 알지 못하는 사람은 필사적으로 파워포인트 꾸미기에 열중하며 야근을 한다. 게으름을 잘 피우는 사람은 꾸미기에는 최소한의 시간만 쓰고, 결론과 데이터에 중점적으로 시간을 들인다. 파워포인트를 만드는 시간은 전자의 사람이 더 길 테지만, 결과적으로 후자의 사람이 더 좋은 프레젠테이션을 하게 될 것이다.

우선순위를 파악하는 능력을 키워 부지런해야 할 때와 게을러야 할 때를 분간하도록 하자.

비교를
그만둔다

13

남과 나를 비교하지 말자. 비교를 하면 위를 올려다보든 아래를 내려다보든 불행한 결과만 기다리고 있을 뿐이다.

나보다 잘난 사람을 보고 열등감에 빠지면 내 자존심이 상처를 받는다. 세상을 둘러보면 나만 못한 사람도 반드시 존재한다. 잘난 사람만 보며 부러워하다 보면 앞으로의 인생은 평생 열등감에 빠져 허우적대게 될 것이다.

그렇다면 반대로 나보다 못난 사람을 내려다보며 우월감에 빠지는 것은 어떨까? 이는 그 어떤 가치도 없는 행동이다. **"아직 나보다 못한 사람이 있어서 얼마나 다행인지 몰라."** 이런 썩어빠진 생각은 **그만두자.**

아래만 내려다보고 안심하다 보면 발전은 사라지고 만다. 이런 생각은 지금 당장 버리는 것이 좋다.

우리가 비교해야 할 유일한 대상은 바로 '과거의 나 자신'뿐이다. 이를테면 **어제의 나, 한 달 전의 나, 6개월 전의 나, 1년 전의 나와 싸워 지지 않을 자신이 있는가?**

매일 노력하고 도전하는 사람은 도전한 만큼 성장하기 때문에 과거의 나와 싸워도 절대 지지 않는다.

다른 사람과 싸워 지는 것은 어쩔 수 없는 부분도 존재한다. 재능도 다르고, 들인 시간도 다르고, 게다가 승부에는 운도 작용하기 때문이다. 그러나 나 자신에게 지는 것은 태만이다.

성장은 선택이다. 그리고 계속 성장하는 한 과거의 나와 싸워 질 일은 없다. 과거의 나에게 진다는 것은 내가 패배를 선택했다는 의미다.

패배를 선택하는 것은 아름답지 못하다. 만약 과거의 나를 이길 자신이 없다면 초조함을 느끼는 편이 좋다.

어제까지의 나를 뛰어넘어라. 조금이라도 좋으니 착실히 성장을 밟아나가라. 남과 비교하지 말고 자기성장에 집중하라.

눈치 보기를
그만둔다

14

　　인생에서 중요한 결단을 내릴 때는 "이렇게 해도 될까요?" 하며 다른 사람의 눈치를 보지 않는 것이 좋다. 그냥 "이렇게 하겠다!"라고 선언하자. 이에 대해 다른 사람이 구시렁거릴 때는 "당신이 내 인생 책임져 줄 거야? 그럴 거 아니면 조용히 해."라고 말하자.

　　가장 큰 책임자가 진로를 결정해야 한다. 그건 당연한 사실이다. 내 인생에서 가장 큰 책임자는 바로 나 자신이다. 나 이외에 책임질 사람은 없다. 따라서 결단을 내릴 권한은 어디까지나 나 자신에게 있는 것이다.

　　내가 가고 싶은 길로 가면 된다. 남에게 직접 해가 되는 일이 아니라면 남의 눈치를 볼 필요 없다. 내가 하고 싶은 대로 하면 그만이다.

자신의 마음을 숨기고 남의 의견을 받아들이는 순간 "네가 그렇게 하라고 했잖아." "나는 다른 길로 가고 싶었어."라는 변명이 고개를 든다.

결단은 자신이 생각하는 대로 결정을 내리는 것이다. 따라서 거기에는 책임과 각오가 따른다.

남에게 이끌려 내린 결단은 실패하게 되어 있다. 중요한 것을 결정할 때는 남에게 이러쿵저러쿵 물어볼 필요도 없다. 모든 책임을 질 각오가 생겼다면 그 후에는 선언하고 앞으로 나아가면 된다.

타인의 의견을 따랐다가 실패하게 된다면? 그것도 타인의 의견을 듣고 결정한 나의 책임이다. 따라서 내가 독자적으로 선택한 길에서 실패하는 편이 백 배는 더 낫다. 그런 경우에는 실패도 깨끗이 인정할 수 있다.

남의 의견을 따르든 자신의 마음을 따르든, 어쨌든 책임지는 사람은 나 자신이다. 이 말을 명심하자.

헛된 노력을
그만둔다

15

노력은 배신하지 않는다. 온 힘을 다해 제대로 노력한다면 반드시 보상이 따르게 되어 있다.

그러나 **잘못된 노력도 존재한다.**

잘못된 노력은 노력이라고 할 수 없다. 노력으로 보이는 다른 무언가다. 잔혹하게 들릴지도 모르지만, 아무리 힘을 쏟아도 잘못된 노력이라면 보상받을 수 없다.

이것은 흔히 말해 '헛된 노력'이다. 어차피 노력할 거라면 머리를 굴려 제대로 된 노력을 하도록 하자.

사실 '헛된 노력'을 그만두는 것은 사람들의 생각 이상으로 중요한 일이다. 헛된 노력인지도 모르고 계속해서 노력하다 보면 뇌는 '노력 따윈 소용없다'는 인식을 하게 된다. 그러면 '노력은 어차피 쓸모없는 짓'이 되어 인생의 다른 노력들도 멈추게 된다. 이것은 커다란 손실이다.

만약 당신도 그렇게 생각하고 있다면 **보상받기 쉬운 '제대로 된 노력'을 해서 성장을 실제로 느껴보는 것이 좋다.** 나는 웨이트 트레이닝을 추천한다. 근육은 절대로 노력을 배신하지 않기 때문이다.

제대로 된 노력을 통해 성장을 실감하게 되면 뇌는 '노력은 즐겁고 유익한 것'이라고 재인식하게 되고, 노력이 즐겁게 느껴지면 내 마음대로 할 수 있는 일도 늘어나게 된다. 우리의 능력은 노력에 의해 꽃이 피고, 인생은 단숨에 넓어진다.

물론 모든 노력은 우리의 피와 살이 되기 때문에 백 퍼센트 헛된 노력이란 존재하지 않을지도 모른다. 이를테면 헛된 노력이라는 것을 알기 위해서는 헛된 노력을 경험해볼 필요가 있다. 인간은 경험과 실패를 통해 깨달음을 얻는 동물이기 때문이다.

헛된 노력을 통해 자신에게 맞는 일과 맞지 않는 일이 무엇인지도 배울 수 있을 것이다. 그러나 그것을 몇 년간 할 필요는 없다. 헛된 노력은 최소한만으로도 충분하다.

호구 되기를
그만둔다

16

    남에게 친절을 베푸는 것은 중요하다. 그러나 안타깝게도 세상에는 착한 사람을 약하게 보고 이를 악용하는 사람이 너무나도 많다.

    그런 사람은 우리의 착한 마음을 이용해 자신의 이득을 챙긴다. 그리고 우리의 시간과 노력 또한 이용하려 든다. 물론 우리의 상황은 아랑곳하지 않고.

    "이것 좀 해줘." "저것도 부탁해." 이러한 상대의 부탁을 하나씩 들어주다 보면 어느새 '호구'가 되어 사람들은 점점 더 어려운 부탁을 해온다.

    확실히 말해두겠다. **'착하고 친절한 사람'**과 **'이용해먹기 좋은 호구'는 완전히 다르다.**

호구가 돼버리면 자기 시간은 사라져버린다. 우리에게는 '인생을 보다 행복하게 만들자'라는 미션이 있는데, 그 미션을 해결할 시간을 타인에게 빼앗겨버리는 것이다.

호구 되기를 그만둬라.

내가 하기 싫은 일은 단호하게 싫다고 말하라.

부탁을 거절하는 것은 실례가 아니다. 오히려 실례는 거절하지 못하게 부탁해오는 녀석들이다. 그러니 걱정하지 말고 거절하라.

상대가 내 마음을 헤아려줄 일 따위는 없고, 다른 제삼자가 나타나 도와주는 일 또한 없을 것이다. 자기 자신은 스스로 지켜야 한다. 걱정하지 말고 거절할 일은 단호하게 거절하라.

기대를
그만둔다

17

인간관계로 스트레스를 받는 사람에게 그 스트레스를 한 번에 날려버릴 좋은 방법을 알려주겠다. 그 방법이란 바로 남에게 무언가를 기대하지 않는 것이다.

모든 스트레스는 기대에서 나온다.

이렇게 해주면 좋겠다고 기대하고 저렇게 해야만 한다고 기대했는데 상대방이 그 기대를 저버린다. 그러면 우리는 스트레스를 받을 수밖에 없다.

말해두지만, 타인은 기대의 대상으로는 최악의 존재다. 타인은 내가 절대로 컨트롤할 수 없고 누구나 자기 자신을 가장 아끼기 때문에 다른 사람의 기대대로 움직여주지 않는다. 따라서 상대가 나의 기대를 저버리는 것은 불 보듯 뻔한 일이다.

다른 사람에게 무언가를 기대하는 것은 질 것이 뻔한 게임을 하는 것과 같다.

기대하는 마음을 접으면 멘탈이 안정된다. 다른 사람에게 기대하지 않고 내 일은 내가 스스로 하겠다고 마음먹으면 그때부터 인생은 편안해진다.

화가 없는 사람은 도인이 아니라 남에게 기대하지 않는 사람이다. 기대하지 않기 때문에 실망하는 일도 없고 화가 나지도 않는 것이다. 그들은 '모든 실망은 기대에서 나온다'는 것을 알고 있고, 타인은 절대 컨트롤할 수 없는 존재이기 때문에 기대가 전부 무너질 것이라는 점도 잘 알고 있다.

착각하지 말아야 할 것이, 나는 사람을 믿지 말라고 말하는 것이 아니다. 사람은 믿어도 된다. 물론 사람을 좋아해도 된다. 그러나 타인이 내 생각대로 움직일 거라는 생각은 하지 말라는 이야기다.

깊은 인간관계 맺기를
그만둔다

18

인간관계를 맺을 때 내가 생각하는 게 있다. '특정 개인과 너무 깊이 사귀지 말자'는 것이다. 바꿔 말하면, 적당한 거리를 두겠다는 것이다.

한 사람과 너무 깊이 사귀면 그 사람의 단점과 지저분한 모습이 눈에 들어오기 마련이다. 산은 멀리서 봐야 예쁜 것이다.

또한 인간관계가 너무 깊어지면 이해관계도 복잡해진다. 너무 깊은 관계를 맺고 있는 사람들을 비유하자면 '한 배에 타고 있는 사람들'이라 볼 수 있다. 배가 침몰하기 시작하면 이들은 어떻게 할까? 누구나 자신의 목숨이 가장 소중하기 때문에 다른 사람을 짓밟고서라도 배에서 탈출하려 할 것이다.

반대로 적당한 거리를 유지하는 경우는 각각 다른 배를 타고 있는 상태라고 할 수 있다. 이럴 때는 조금도 망설이지 않고 상대에게 도움의 손길을 내어줄 것이다.

그렇다. **궁지에 빠졌을 때 우리는 깊은 관계가 아닌 적당한 관계의 사람에게 도움을 받을 수 있다.**

내가 가장 이상적으로 생각하는 관계는 뜻이 같은 존경하는 사람과 1년에 몇 번 만나는 것이다. 하지만 만날 때는 깊은 대화를 충분히 나눌 수 있는 그런 인간관계를 여럿 만드는 것이다.

그런 인간관계는 이해관계의 불일치가 생기기 어렵고, 자신을 억압하려는 올가미가 생기기 어렵다. 무엇보다 상대의 단점이 눈에 보이지 않기 때문에 좋은 관계를 계속해서 유지할 수 있다.

물론 나도 사람을 좋아한다. 매우 좋아한다. 그러나 모든 인간은 자기의 행복을 최우선으로 생각한다. 자기 행복을 최우선으로 하면 이해의 불일치가 생기기 마련이다.

따라서 **적당한 거리를 둬서 서로에게 계속 호감을 유지할 수 있는 상태**가 가장 이상적이라고 생각한다.

깊은, 정말 깊은 인간관계는 가족과 친구 몇 명이면 충분하다.

보상심리를
그만둔다

19

보상을 바라는 행동은 하지 말자. "내가 이렇게 했으니까 너는 저렇게 해야지." 하는 생각은 버리자. 내가 무엇을 해주든 상대에게 보상의 의무는 없다.

그러니 나중에 뒷말 듣지 않을 만큼만, 줘도 아깝지 않을 만큼만 행동하자.

"나는 저번에 이렇게 해줬는데." "나는 평소에 저렇게 해주는데." 하며 생색내는 듯한 말을 들어본 적이 있을 것이다. 물론 생색을 내 본 적도 있을 것이다.

상대방을 위해 자발적으로 한 행동이고 처음에는 그저 순수한 마음으로 한 행동인데, 언제부턴가 대가를 요구하게 되고 생색을 내기 시작하면 결국에는 두 사람 다 불행해지는 것이다.

그런 불행에 빠지고 싶지 않다면 **모든 행동은 자기중심적이라고 생각하는 편이 좋다.** 누군가를 위해 한 행동도 결국은 '나를 희생해 누군가에게 무언가를 해주고 싶다'는 자기욕구에 지나지 않는다.

그것만 의식하면 생색내는 말은 나오지 않을 것이다. 돌아오는 보상이 없어도 무리 없는 선에서 남에게 친절을 베풀면 되고, 보상이 기대되는 행동은 투자라고 생각하면 된다.

나 스스로 판단해 내 시간을 다른 사람에게 투자한 것이다. 보상 받지 못했다고 그 사람에게 불만을 말할 입장이 아닌 것이다. 이를테면 투자에 실패해도 그것은 완전한 자기 책임이지 누구에게 뭐라 할 일은 아니다.

주변 사람을 행복하게 만들어주고 싶으면 우선은 자기 자신이 행복해야 한다. 나라는 그릇에 행복이 들어있지 않으면 다른 그릇에도 행복을 나눠줄 수 없다.

자신을 희생하면서까지 남에게 친절할 필요는 없다. 무리하지 않아도 된다. 만약 꼭 보상이 있어야 한다면, 차라리 불친절하게 있는 편이 낫다.

기대에 부응하기를
그만둔다

20

"실망이야." "너무 이기적인 거 아니야?" "완전 제멋대로
네."

내 생각에 따라 솔직하게 행동하면 이렇게 말하는 녀석들이 꼭
나온다.

그러나 '실망', '이기적'이라는 말은 "내 뜻대로 움직이지 않아 마
음에 안 든다."라는 의미이기 때문에 신경 쓸 필요가 전혀 없다. 애
초에 남이 내 뜻대로 움직일 거란 생각이 잘못된 발상이다.

'실망'이라거나 '이기적'이라거나 하는 단어를 사용하면 상대방
에게 막대한 심리적 압박을 줄 수 있고, 자신이 상대보다 우월한 위
치에 있다는 것을 알려줄 수 있어서 그런 말을 하는 것이다.

그런 녀석들의 말은 무시하면 그만이다. 우리는 누군가의 꼭두

각시가 되려고 태어난 게 아니다.

단언컨대, **우리에게는 남의 기대에 맞출 의무가 전혀 없다.**

'실망'이라고 말하는 인간은 자기 마음대로 상대에게 기대하고, 자기 마음대로 상대에게 실망한 것인데, 마치 상대가 큰 잘못을 한 것처럼 그 원인을 상대방에게 떠넘기는 것이다.

그럴 때는 **"그래? 그거 안됐네. 그럼 잘 먹고 잘 살아라."** 정도의 태도로 말하면 된다. 그 정도 일에 일일이 마음 졸이고 시간과 에너지를 낭비한다면 엄청난 스트레스가 쌓일 수밖에 없다.

나에게는 나의 인생이 있고, 다른 사람에게는 다른 사람의 인생이 있다.

내 행동은 전부 내가 결정해야 한다. 내 행동에 책임질 사람은 나 자신밖에 없기 때문에 모든 결정권은 백 퍼센트 나에게 있다.

"네 기대 따윈 몰라. 난 너에게 아무 기대 안 하니까, 너도 나한테 아무 기대 하지 마. 서로 편하게 지내자."

이렇게 말하는 거다.

이기적? 제멋대로? 이런 말은 다 칭찬이다!

과거의 나에게 묶여있는 것을
그만둔다

21

시간이 흐르며 생각과 말이 바뀌는 것은 당연한 일이다. 사람은 항상 성장한다. **말이 바뀌었다는 것은 부끄러운 일이 아니다.** 말이 바뀌었다는 것은 배우고 성장해 새로운 사고에 도달했다는 증거다. 이 정도로 자연스러운 일이 또 어디에 있을까?

'일이 인생의 전부'라고 믿었던 사람이 '인생은 즐기며 사는 것'이라는 생각으로 바뀔 때도 있다. 'SNS는 유행에 지나지 않는다'고 생각했던 사람이 1년 후에는 '다음 시대를 이끄는 것은 SNS뿐'이라고 주장할지도 모른다.

심리학에는 '일관성의 원리', '인지적 불협화'라는 말이 있다. 이것은 사람은 자신이 과거에 한 말과 현재의 행동이 일치하지 않으면 불쾌감을 느낀다는 뜻이다. 과거에 자신이 한 말이 저주가 되어

지금의 자신을 옭아매는 것이다.

하지만 과거에 한 말이나 생각에 사로잡혀 새로운 발걸음을 떼지 못하고, 그것에 스트레스를 받는 것만큼 한심한 일도 없다.

과거에 한 말이나 생각을 철회하는 것은 과거의 나를 부정하는 것만 같아 확실히 마음이 찜찜할지도 모른다. 게다가 주변 사람들이 "저번에 했던 말과 다르잖아!" 하며 따지고 들지도 모른다.

그러나 그런 비판은 외적인 것으로 무시해도 된다. 앞에서도 말했듯이, 무언가를 배우고 성장해 생각이 바뀌는 것은 당연한 일이고, 매우 건전한 일이다.

"많은 것을 배우고 경험한 결과 생각이 바뀌었다! 과거의 나는 아직 미숙한 존재였다!"

이렇게 인정하고 당당하게 새로운 발언을 하면 된다.

인생에 정답은 없다. 입장이 바뀌면 답도 바뀐다. 정답이 없는 이상 우리는 지금이 베스트라고 말할 수밖에 없다.

베스트는 시간과 함께 항상 바뀌기 마련이다. 따라서 철회해도 괜찮다.

욕구를 자제하는 것을
그만둔다

22

       부자가 되고 싶다, 인기 있는 사람이 되고 싶다, 위대한 사람이 되고 싶다, 존경받는 사람이 되고 싶다, 좋은 차를 타고 싶다, 이러한 욕구가 있다면 그 욕구를 소중히 대하길 바란다.

    욕구를 부끄러워하거나 욕구에 따라 행동하는 것을 나쁘게 여기는 풍조가 있는데, 이것은 절대 나쁜 행동이 아니다.

사리사욕, 정말 멋지지 않은가!

    사리사욕을 채우기 위해 열심히 노력하는 것은 세상과 다른 사람에게도 도움이 되는 행동이기 때문에 전혀 문제 될 것이 없다.

    돈을 많이 벌어 많이 쓰면 경제가 활성화된다. 인기를 얻고 싶어 몸을 치장하고 소개팅에 많이 나가면 패션업계와 요식업계가 발전한다. 존경받는 사람이 되고 싶다는 것은 그 생각 자체만으로도 주변에 좋은 영향을 줄 수 있다.

사리사욕을 채우는 것은 나뿐만 아니라 사회에도 도움이 되는 행동이다.

욕구는 인생에 있어서 최대의 동기 재료 중 하나다. 이용하지 않는 놈이 바보다.

욕구가 없었다면 인류는 이 정도로 발전하지 못했을 것이다. 조금 더 부자가 되고 싶다, 조금 더 즐기고 싶다, 조금 더 멋있는 사람이 되고 싶다, 조금 더 좋은 삶을 살고 싶다는 인간의 욕구가 자본주의를 여기까지 발전시켰다.

자신의 욕구에 솔직해지자. 그리고 높은 것을 바라자. 그것을 위해 노력하다 보면 점점 자신의 욕구에 가까워질 테고, 결국 인생은 즐거워질 것이다.

인생은 한 번뿐이다. 욕구가 마를 때까지 욕구를 좇는다고 해서 벌줄 사람은 아무도 없다.

끝없는 욕심을
그만둔다

23

욕구는 동기의 원천이 되기 때문에 매우 중요하지만, 그와 마주하는 방법을 생각하지 않으면 우리는 불행에 빠져버릴 것이다.

욕구만 좇으면 사람은 평생 만족을 모르게 된다. '나에게 없는 것', '내가 가지지 못한 것'을 잠시 내려놓는 태도도 중요하다.

자신에게 없는 것을 늘 생각하면, 이를테면 아무리 부자가 돼도, 아무리 멋진 애인이 있어도, 아무리 좋은 명품이 있어도 만족하지 못하게 된다. 나에게 없는 것만 눈에 들어오기 때문이다.

욕구는 가져도 좋다. 욕구는 건전한 것이다. 그러나 **현재 상태에 감사할 줄도 알아야 한다.**

만족할 줄 모르는 욕심을 가진 인간은 아무리 많이 갖게 되어도 만족할 수 없는 체질로 변해버린다. 이 점을 꼭 기억하길 바란다.

지금 내가 무엇을 가지고 있는지 다시 한번 확인해보자.

이를테면 건강한 몸을 가졌다는 것.

이를테면 집에 돌아왔을 때 "어서 와."라고 말해줄 가족이 있다는 것.

이를테면 어떤 얘기라도 들어주는 친구가 있다는 것.

이를테면 스마트폰을 가지고 있다는 것.

찾으면 찾을수록 무수히 많이 나올 것이다. 우리는 그것을 '당연한 것'이라고 생각할지도 모르지만, 누군가의 입장에서 보면 부러워 미칠 만한 것일지도 모른다.

행복의 첫걸음은 **'나는 이미 행복하다'**고 생각하는 데서 시작한다.

나는 이제 편의점 케이크를 먹을 것이다. 근처에 편의점이 있고, 단돈 2~3천 원에 맛있는 케이크를 먹을 수 있다니, 나는 정말 행복한 놈이다. 아, 정말 행복하다. 다이어트 중이라 먹고 난 후에는 후회하겠지만······.

타인의 평가에 연연하기를
그만둔다

24

　　타인의 평가로 자신의 가치와 행복을 측정하면 지옥이 시작된다.

　　다른 사람의 평가는 그때의 이해관계나 기분에 따라 바뀌는 것이다. 원래 타인은 나를 깊이 생각해주지도 않고, 이해해주지도 않는다. 나의 진의, 뜻, 노력, 목표, 그러한 것들을 포괄적으로 이해하고 평가해주는 사람은 아무도 없다.

　　남은 어차피 남이다. **나 이상으로 나를 잘 이해하는 사람은 없다.**

　　자신감 없는 사람은 타인의 평가를 귀담아듣기 쉽지만, 남들의 평가를 기준으로 삼으면 굳건한 자신감은 평생 손에 들어오지 않을 것이다. 들어온다 하더라도 금방 빠져나갈 것이다. 자신감이 늘 흔들리게 되는 것이다.

타인의 의견은 내가 절대로 컨트롤할 수 없다. 따라서 그런 것에 의지할 필요가 없다. 자신의 마음 관리를 남에게 맡긴다는 것은 전 재산이 들어있는 통장을 남에게 맡기는 것과 같다. 정말 바보 같은 짓이다.

타인의 평가 따위는 벗어던지고 자신의 감각을 믿어보자.

"내 가치를 알아줄 사람만 알아주면 되잖아. 나머지 녀석들은 무시하면 돼."

이 정도로 거만하게 굴어도 좋다.

타인의 의견은 잡소리나 마찬가지다. 전부 무시해버리자. 그러면 그때부터 놀라울 정도로 편안해질 것이다.

너무 힘든 일을
그만둔다

25

끈기는 힘이 된다, 끈기는 중요하다······. 물론 틀림없는 사실이다. 그러나 사실 끈기만큼 중요한 것이 **'포기하는 힘'**이다.

이를테면 흥미를 갖고 뛰어든 일이 막상 시작해보니 나와 전혀 맞지 않고 성과도 나오지 않아 의욕이 사라지는 경우가 있다. 이럴 때는 "그래도 내가 선택한 길이니까······." "나만 힘든 게 아니잖아······." 따위의 생각은 싹둑 잘라버리고 재빨리 방향을 전환하는 편이 좋다. 결단이 빠르면 빠를수록 중요한 시간을 헛되이 쓰지 않게 된다.

물론 모든 일에는 힘들고 지루한 부분이 있다. "이 일은 재밌기만 해. 최고야!" 유감스럽지만 이런 일은 절대 없다. 따라서 조금 지루하다고 바로 접어서는 안 될 것이다.

여기서 기준으로 두어야 할 것은 '즐거움'과 '하기 싫음'의 비율이다. 지극히 주관적인 생각일지도 모르지만, 일할 때 기분의 비율이 '즐거움:하기 싫음 = 6:4'라면 그 일은 계속하는 편이 좋다. 그러나 하기 싫은 기분이 50% 이상이라면 그 일을 그만두는 것도 하나의 방법이다.

아무리 애써봐도 하기 싫은 마음이 즐거운 마음을 웃돈다면 그 일은 의미가 없다. 100만 원을 가지고 시작해 이기고 지고를 반복하다가 90만 원만 손에 남는 것과 같다. 전체적으로 따지면 완전히 진 게임인 것이다.

'포기'는 사실 '노력'보다 힘들다. 나의 결단이 틀렸다고 인정하는 것이기 때문이다. 사람들의 눈도 신경 쓰일 것이다.

그러나 남의 눈은 생각할 필요 없다. 안 해보면 몰랐던 것이기 때문에 기죽을 필요 절대 없다. 직접 해본 후 나와 맞지 않는다는 걸 깨달았다면, 그것은 자신의 특성을 하나 배운 것이기 때문에 훌륭한 수확이 된다.

'참고 견디면 복이 온다'는 말이 있다. 그러나 이것은 변화가 빠른 현대사회에는 어울리지 않는 말이다. 우리의 가능성을 뺏는 저주의 말일지도 모른다.

나와 맞지 않는 일, 힘든 일을 놓아버리지 못하면 나와 맞는 일, 즐거운 일을 잡을 손이 없어진다.

일, 가족, 애인, 친구, 취미, 과거의 기억, 목표, 습관. 이들은 모두 인생을 풍요롭게 만들어주는 요소들이다. 하지만 이들이 행복보다 불행을 더 많이 가져다준다면 버리는 것이 마땅하다(자녀는 제외하고). 인간은 '얻는 기쁨'보다 '잃는 슬픔'에 민감하기 때문에 아무리 그로 인해 불행해도 쉽게 버리지 못한다. 그러나 버리는 용기는 실로 중요한 것이다.

알량한 자존심을
버린다

26

일이 잘 풀리지 않는 사람들을 보면 대부분 '알량한 자존심'을 가지고 있다. 아무것도 아닌 일에 집착하고, 다른 사람의 의견을 무시하고, 도움을 거절하는 사람이 바로 그러하다.

물론 그것이 도저히 타협할 수 없는 일이라면, 이를테면 나의 미학에 반하는 일이라면, 철저하게 싸워 끝까지 밀고 나가야 한다. 하지만 "조언 따윈 필요 없어. 일단은 내 힘으로 할 거야."라는 등의 알량한 자존심 때문이라면 다른 사람의 의견과 조언에 귀 기울여 보는 것이 좋다.

이를테면 직장의 경우, 최고 자리까지 오르는 것이 목표이고 그러기 위해서는 상사나 선배의 조언을 받아들이는 것이 필요하다면?

이럴 때도 알량한 자존심 때문에 그렇게 하지 못하는 사람들이 있다. 그들은 선의의 도움도 거절한다. 이것은 완전한 실패다.

오히려 다른 사람의 조언에 대해 "그거 참 훌륭한 생각이네요. 잘 배웠습니다!"라고 말하는 정신을 가져야 일이 잘 풀린다.

성장 속도가 빠른 사람은, 좋은 의미로 정말 고집이 없다. 잘못을 지적당하면 반발하지 않고 곧바로 수정하고, 더 좋은 방법을 받아들인다. 누군가 먼저 좋은 방법을 발견하면 깔끔하게 인정하고, 주변의 장점을 스펀지처럼 흡수한다.

타인의 힘을 빌려 좋은 결과를 내는 것도 본인의 실력이다. 다른 사람의 조언을 받아들여 내 것으로 만드는 이도 다름 아닌 본인 자신이기 때문이다.

나의 목표나 미학이 다른 사람에 의해 흔들리면 안 되겠지만, 좋은 의견은 깔끔하게 인정하고 받아들일 줄 아는 유연성도 중요하다. 변화가 빠른 이 시대에 유연성은 머스트 해브 아이템이다.

'하지만'을
버린다

27

'하지만'이라는 단어는 우리 머릿속에서 꼭 버려야만 한다. 이 말을 사용하지 않는 것만으로도 인생은 훨씬 나아진다.

무언가를 생각하고 행동할 때 부정적으로 생각할지 긍정적으로 생각할지에 따라 우리의 인생은 크게 바뀐다. 부정적으로 생각하는 사람은 제일 먼저 '할 수 없는 이유'를 생각하고, 그 결과 도전이 내키지 않아 현재 상태에 머무르게 된다. 따라서 성장하지 못한다. 사람은 새로운 일에 도전해야 새로운 것을 배울 수 있다.

'도전하지 않는다=성장하지 못한다'의 공식이 성립한다.

게다가 부정적인 사람은 누군가와 함께 있어도 어두운 아우라를 풍기기 때문에 점점 외톨이가 되어간다.

반대로 작은 일에도 재미와 흥미를 느끼는 긍정적인 사람은 다양한 일에 도전하기 때문에 점점 성장해간다. 또한 긍정적인 사람은 자신뿐 아니라 주변 사람들도 즐겁게 해준다. 따라서 그 사람 주변에는 좋은 사람과 재미난 이야기가 넘쳐나게 된다.

현실적으로 가능할지 불가능할지는 나중에 생각하면 된다. 우선은 가볍게 "좋아!"라고 생각하는 것만으로도 인생은 크게 달라진다.

패자는 변명을 찾는다. 승자는 행동을 찾는다.

'내 주제에…'를 버린다

28

　　"내 주제에……." "나는 뭘 해도 안 될 거야."라는 비관적인 생각을 버려라. 그 대신에 "나도 할 수 있지 않을까?" "분명 나에게 딱 맞는 곳이 있을 거야."라고 생각하자.

　　이 세상에 쓸모없는 인간은 존재하지 않는다. 내가 단언한다. 인간은 모두 가치 있고, 재능이 전혀 없는 인간은 존재하지 않는다.

　　우리에게는 숨겨진 재능이 반드시 있다. 그리고 그 재능이 발휘될 곳도 반드시 있다. 그러니 많이 도전하고, 다양한 곳에서 일해보고, 자신에게 딱 맞는 곳을 찾길 바란다.

　　때에 따라서는 포기가 중요할 때도 있다. 그러나 절대로 포기하지 말아야 할 때도 있다. 그것은 **내 재능을 마음껏 펼칠 곳을 찾아 행복해지는 것**이다.

사람은 행복해지기 위해 태어났다. 행복만큼은 절대 포기하지 말아야 한다.

자신의 단점을 찾고 비판하는 습관은 이제 버려라. 이 세상에서 마지막의 마지막까지 나를 믿어줄 사람은 바로 자신밖에 없다.

자신을 포기하면 게임 끝이다. 자신을 포기하는 것은 너무나 가혹한 일이다.

다시 한번 단언하겠다. **당신은 절대 쓸모없지 않다.** 마음에 꼭 새겨두기 바란다.

'시간이 없다'를
버린다

29

'시간이 없다'는 말은 단지 변명일 뿐이다.

만약 오늘 밤 그동안 짝사랑하던 이성과 데이트 약속이 잡혔다면? 당신은 눈에 불을 켜고 미친 듯이 일해 정시에 퇴근할 것이다. 만약 부모님이 위급하다는 연락이 온다면? 일을 내팽개치고 곧장 집으로 달려갈 것이다.

'시간이 없다'는 말은 '의욕과 각오가 없다'는 말과 같다. 자신을 속이지 마라. **결국, 우선순위를 매기는 사람은 자기 자신이다.**

시간을 변명으로 삼는 한, 우리는 아무것도 시작할 수 없다. 하고 싶은 일이 있다면, 각오를 다지고 지금 당장 시작해야 한다.

무언가 고민을 하고 있다면 그것은 '하고 싶은 것이 있다'는 뜻이다. 이건 정말 행운이다. 세상에는 자신이 하고 싶은 게 무엇인지 몰라 고민하고, 딱히 하고 싶지 않은 일을 하면서 하루하루 의미 없이 보내는 사람들도 많이 있다. 그에 비하면 내가 무엇을 하고 싶은지 아는 것은 정말 행운이라 할 수 있다.

자신이 '하고 싶은 것'을 알면서도 하지 않는다는 건 어리석은 일이다. '하고 싶은 것'을 찾았지만 해야 할지 말아야 할지 고민되는가? 나는 '한다'는 쪽에 한 표 걸겠다.

뭐? 아직 각오가 없다고? 자신이 없다고? 중요한 것은 잘할 수 있을지 없을지가 아니다. **하고 싶은가, 하기 싫은가다.**

'하겠다'고 결심했다면 나머지는 죽을힘을 다해 미친 듯이 하면 된다. 잘할 수 있을지 없을지는 아무도 모른다. 따라서 신경 쓰지 않아도 된다.

내가 잘하는 것만 하고 산다면 인생은 분명 시시해질 것이다.

나쁜 인간관계를
버린다

30

냉정하게 들릴지 모르지만, **만나는 사람을 잘 선택하라.**

한 사람과 인간관계를 맺는 데는 막대한 시간과 감정과 노력이 필요하다. 그리고 교우관계는 우리의 사고, 행동, 생활에 지대한 영향을 미친다.

잘못된 선택을 하면 막대한 시간과 감정과 노력이 낭비로 끝나버리고, 그뿐 아니라 나 자신의 인격에도 악영향을 미친다. 성격은 바이러스처럼 사람 간에 감염이 된다.

존경할 수 있는 사람, 선의의 경쟁을 할 수 있는 사람이 내 주변에 많이 있으면 내 행동도 자연히 그들과 비슷해진다. 반대로 오만하고 게으른 사람과 함께 있으면 나도 그렇게 변해간다.

친한 친구 다섯 명을 떠올려 보자. 그들의 평균치가 바로 나 자신이다. 내 주변 사람은 나의 말투, 태도, 인격을 그대로 보여주는 거울이라고 생각해도 좋다.

자신을 알고 싶다면 주변 사람을 분석해보라. 존경할 수 있는 사람만 있다면 다행이지만, 그렇지 않다면 자신의 말투, 태도, 인격을 되돌아봐야 한다. **교우관계의 80퍼센트는 존경할 수 있는 사람으로 채우도록 노력하자.**

거짓말하는 녀석, 부정적인 말만 해서 같이 있으면 기분이 나빠지는 녀석, 다른 사람을 얕보고 모욕하는 녀석, 남을 이용하는 녀석, 약속을 지키지 않는 녀석, 마음이 맞지 않는 녀석, 그런 사람들과는 가능한 한 멀리하는 게 좋다.

인생은 짧다. 업무적이라면 싫은 사람과도 만나야겠지만, 개인적으로까지 부정적인 사람과 만날 이유는 없다. 그 시간은 단 1초도 아깝다.

굳게 마음먹고 나쁜 교우관계를 잘라내자. 나쁜 인간관계를 끊는 것만큼 속 시원한 것도 없다.

가짜 나를
버린다

31

사람들은 무의식 중에 미움받고 싶지 않아 자신의 진짜 모습을 숨기고 주변에서 좋아할 만한 캐릭터(가짜 나)를 연기한다.

세상을 살아가는 이상 어느 정도의 타협은 필요하다. 그러나 '진짜 나'로 있는 시간보다 '가짜 나'를 연기하는 시간이 더 많다면 남의 시선을 너무 의식하고 있는 것이다.

최소한의 사회성만 지키고 나머지는 남 신경 쓰지 말고 '있는 그대로의 나'로 있도록 하자.

있는 그대로의 나를 많이 내보일수록 좋다. 가짜 나를 연기해 얻은 호감은 아무런 의미가 없다. 억지 노력은 오래 지속할 수 없다. 언젠가는 자신의 진짜 모습이 드러나게 되어 있다.

연기된 캐릭터와 진짜 모습에 차이가 크면 클수록 상대방은 속은 느낌을 받을 것이다. "이런 사람인 줄 몰랐는데……." "여태까지 본성을 숨기고 있었구나."라는 식으로 말이다. 이건 서로에게 손해가 아닐까?

처음부터 있는 그대로의 모습을 좋아해 주는 사람을 만나는 게 중요하다. **가짜인 내 모습을 좋아하는 사람과는 친구가 될 필요도 없다.** 있는 그대로의 나를 받아주고, 나도 있는 그대로의 모습을 보여줄 수 있는 그런 친구를 만나면 된다.

특히 최근에는 SNS의 등장으로 세계가 더욱 다양화되고 있다. 마음이 맞는 사람과 쉽게 만날 수 있고, 쉽게 소통할 수 있는 멋진 세상이 되고 있다.

그런 짜릿한 세상에서 딱히 마음도 맞지 않는 사람과 가짜 나를 연기해가며 억지로 사귈 시간은 없다. 그런 바보 같은 짓을 한다면, 마음이 잘 통하는 사람과 즐거운 시간을 보낼 시간이 사라져버릴 것이다.

후회를
버린다

32

도전해서 실패했을 때 반성은 해도 후회는 하지 말자.

반성과 후회, 이 두 가지를 혼동하는 사람이 많이 있다.

반성이란 '미래에 보다 좋은 선택을 하기 위해 과거를 되돌아보는 것'이다. 즉 앞날을 바라보는 행위다. 반성은 '현재'에 좋은 영향을 주고, 미래를 좋은 방향으로 이끌어준다.

후회란 '과거를 돌아보고 자신을 원망하는' 행위다. 사고는 완전히 뒤를 향해있고 자신에 대한 원망도 담겨있다. 이것은 매우 비생산적인 행동으로, '현재'에 악영향을 주고 미래를 나쁜 방향으로 이끈다.

후회는 버려야 한다. 누구나 실수를 한다. 그러나 과거를 되돌릴 수는 없기 때문에 다시 시작하는 것이 중요하다. 미래를 바꾸고 싶다면 현재에 충실해야 하는데 후회에 빠지면 현재에 소홀해져 미래까지 엉망이 되어버린다.

후회란 엉망이 된 일을 잊지 못하고, 다시 자신의 미래까지 엉망으로 만들어버리는 어리석은 행위다.

후회에는 1원어치의 가치도 없다. 가치는커녕 귀중한 시간을 빼앗고 막대한 심리적 스트레스를 주는 바보 같은 행동이다.

지금을 살아가자. 지금을.

인내를
버린다

"내가 참으면 되지, 뭘." 이런 생각은 버려라. 나를 희생해 누군가를 도와주려 하지 마라.

착하고 배려가 깊은 사람일수록 남을 먼저 생각하고 자신을 뒷 전에 두는 경우가 많다. 그러나 한 번 참으면 더 많은 것을 참고 인 내해야 한다.

이를테면 아주 사소한 것이라도 상대를 위해 허용범위를 조금만 넓혀주면 상대는 그것을 받고 더 많은 것을 요구해온다. 결국 우리 가 참아야 할 틀은 점점 더 넓어지고, 모르는 사이에 견딜 수 없는 한계에 부딪히게 된다.

인내는 무턱대고 하는 게 아니다.

기본적으로 사람은 자신의 행복을 위해 움직인다. 따라서 자신이 참고 상대방을 우선으로 생각하다 보면 우리는 평생 행복을 맛볼 수 없게 된다.

참는다는 선택지를 버리고, **안 되는 것은 안 된다, 하기 싫은 것은 하기 싫다고 딱 잘라 말할 용기를 가져야 한다.**

착각하는 사람이 많은데, 내 행복을 최우선으로 하는 것은 결코 이기적인 게 아니다. 지극히 당연한 것이고, 지극히 자연스러운 것이다. 자연스러운 것이 나쁜 것은 아니지 않은가.

우리에게는 행복해질 권리가 있다. 내 행복을 최우선으로 생각할 권리가 있다. 아니, 내 행복을 책임질 사람은 나밖에 없기 때문에 권리라기보다는 의무라고 말하는 편이 맞을 것이다.

행복해져라. 참지 마라.

불행을
버린다

34

"나에게는 행복해질 권리가 없나?" "너무 행복하면 불행해진다는데……." 이렇게 생각하고 있는 당신은 마음 놓길 바란다.

당당하게 행복해져라. 그리고 반드시 행복해질 것이다.

단언하건대, 불행해지려고 이 세상에 태어난 사람은 단 한 명도 없다. 내 전 재산을 걸고 말할 수 있다.

이것은 절대 진리다. 명심하길 바란다.

불행한 상태가 비상사태고, 행복한 상태가 정상이다.

내가 당신에게 바라는 게 있다. 절대 불행에 익숙해지지 마라. 불행을 받아들이지도 마라. 당신은 행복해야 마땅하다.

누군가 함부로 대하는 것에 익숙해지지 마라. 당신은 소중한 존재다.

바보 취급당하는 것에 익숙해지지 마라. 당신을 바보 취급해도 좋을 사람은 아무도 없다.

행복, 소중함, 대우, 존경. 이것들은 모두 태어난 순간부터 모든 사람이 가져야 하는 당연한 권리다.

그 권리를 빼앗긴 상황에 익숙해져서는 안 된다. 절대 받아들여서도 안 된다. 그러지 않으면 절대 행복해질 수 없다.

불평을
버린다

35

불평은 가장 쉬운 스트레스 해소법인 것과 동시에 가장 위험한 스트레스 해소법이기도 하다.

너무 불안하고 초조해 어떻게 할 수 없을 때는 친한 친구에게 하소연하는 것도 하나의 방법이다. 그러나 그것은 열 번 중에 한 번이라든가, 어쨌든 최소한만 하는 게 좋다. 하소연하는 사람은 스트레스가 풀릴지도 모르지만, 그것을 듣는 사람은 매우 피곤해진다. 한마디로 말해 기가 빨리는 것이다.

만날 때마다 불평불만을 하는 사람은 어디에서나 환영받지 못한다. 불평만 말하면, 어느샌가 내 주변에도 불평과 험담 등 부정적인 말만 하는 친구만 남을 것이다.

"친한 친구 다섯 명의 평균치가 바로 나다."라는 말을 앞에서도 했지만, 교우관계는 내 인격과 인생에 영향을 미친다.

그것은 즉, **부정적이고 불평불만이 많은 사람만 내 주변에 있다면 내 인격과 인생도 부정적으로 흘러갈 위험성이 있다**는 뜻이다.

그뿐만이 아니다. 불평은 매우 강력한 스트레스 해소법이기 때문에 계속해서 불평하면 불행한 환경에 내성이 생기게 된다. 불평으로 스트레스가 적당히 해소됐기 때문에 상황은 전혀 나아진 게 없더라도 현재 상태에 만족하게 되는 것이다.

불평은 이런 식으로 우리의 발목을 잡는다. 상황을 개선하기보다는 상황을 견디는 쪽으로 우리를 이끈다. 이것은 전혀 바람직하지 못하다.

중요한 것은 불평을 불평으로 끝내지 않는 것이다. 불평은 '무언가 문제가 일어났다'는 증거다. 문제를 인식했다면 해결 방안을 찾아야 한다.

"이 빌어먹을 상황을 어떻게 헤쳐 나가야 할까?" 이 정도의 불평이라면, 불평도 매우 생산적인 행동으로 바뀐다. 아니, 이것은 불평이 아니라 작전회의다. 불평하는 것에서 끝나면 앞날은 바뀌지 않는다.

남 탓을
버린다

36

이 말만큼은 꼭 해두고 싶다.

타인도, 정치도 우리의 인생을 바꿔줄 수는 없다. 실패한 이유를 외부에 두지 마라.

"부모가 나를 망쳤다." "정치가 잘못됐다." 이런 식으로 자신 이외의 무언가를 탓하기는 쉽다. 그리고 그 원망은 사실일지도 모른다. 그러나 남을 원망하면 앞으로 나아갈 수 없다. 모두 자기 책임으로 돌리고 결단력 있게 행동해야 문제가 개선된다.

외부 요인은 내가 컨트롤할 수 없다. 컨트롤할 수 있는 것은 오로지 내 행동뿐이다. '내 손으로 인생을 개척해나가겠다'고 각오하는 편이 좋다. 남에게 행복을 맡긴다든가, 정책에 도움을 받겠다는 썩어빠진 생각은 버려라. (외부 요인에 의지해야만 하는 사람은 제외다.)

기대하지 마라. 바라지 마라. 최종적으로 나를 도와줄 사람은, 나를 행복하게 만들어줄 사람은 나 자신밖에 없다.

운 좋게 남의 도움으로 행복을 얻는다 해도 주어진 행복은 그리 오래가지 못한다. 반대로 내가 스스로 붙잡은 행복은 안정적으로 오래 지속된다. 만에 하나 행복을 잃었다고 해도, 행복을 붙잡는 방법을 알았기 때문에 또다시 스스로 잡을 수 있다.

인생은 자립이다. 강해져야 한다.

성공도 실패도
3일이 지나면 버린다

37

　"실패는 되도록 빨리 잊어라."라는 조언이 있다. 그것은 틀림없는 사실이다. 과거의 실패에 연연하면 새로운 도전을 할 수 없고, 지금 해야 할 일에 집중할 수 없게 된다.

　그러나 사실 **성공도 되도록 빨리 잊는 편이 좋다.** 의외로 많은 사람이 과거의 성공에 사로잡혀 새로운 것에 도전하지 못하는 경우가 있다. "지난번에 이렇게 해서 잘됐으니까."라며, 사실은 더 좋은 방법이 있는데도 불구하고 시대에 뒤처진 방법을 밀고 나간다.

　성공한 경험으로 인해 자존심이 높아져 오히려 실패를 더 두려워하게 되거나, 위험을 무릅쓰고 분수에 맞지도 않는 도전을 하게 되거나, 혹은 자만심에 남을 깔보는 녀석들도 있다. 당신의 주변에도 그런 사람은 많을 것이다.

성공이든 실패든 과거에 사로잡히면 앞으로의 일을 제대로 할 수 없다.

내가 추천하는 것은 **'72시간 법칙'**이다. 성공도 실패도 3일이 지나면 잊어버리는 것이다.

성공의 여운도, 실패의 쓴맛도 3일이면 충분하다. 3일이 지나면 마음을 리셋하고 깨끗한 상태로 새로운 일을 맞이해야 한다.

희생정신을
버린다

타인의 행복을 바라는 것은 훌륭한 생각이지만, 그것을 위해 자신의 행복을 포기해서는 절대로 안 된다. 나를 희생해 상대에게 무언가를 해주면 안 된다.

내 희생으로 만들어지는 행복은 이 세상에 존재하지 않는다.

관계에 있어서 한쪽만 참고 불행하면 언젠가는 반드시 폭발하게 되어 있다.

나 자신보다 남을 먼저 생각해서는 안 된다. "지금 내 행복을 다른 사람에게도 나눠주고 싶다!" 혹은 "네가 행복하면 나도 행복하다." 이렇게 생각될 때에만 남을 위해 행동하면 된다.

그 정도의 여유가 있어야 남의 행복을 진심으로 바랄 수 있는 것이다. 따라서 남을 위해 행동하기보다는 우선은 내 행복을 위해 행동하는 것이 중요하다.

스스로 희생을 강요하면 우리는 불행과 불쾌감을 느끼게 된다. 상대가 내 생각대로 움직이지 않으면, "나는 그때 이렇게 저렇게 해줬는데……." 하며 배신감이 생기고, "내가 이만큼 양보했으니까 너도 이만큼은 양보해줘야지." 하며 상대에게도 참을 것을 강요하게 된다. 그러면 최종적으로는 서로 불행해진다.

당신이 남의 행복만 바란다면, 정작 당신의 행복은 누가 책임져줄까? 아무도 책임져 주지 않을 것이다.

내 행복을 바랄 사람은 나밖에 없다. '내 행복이 우선'이라는 것을 잊지 말자.

제발이지 희생정신을 버려라.

분노를
버린다

39

화를 버려라. 분노는 1원어치의 가치도 없다. 피가 거꾸로 솟고, 혈압이 오르고, 코르티솔이 분비되고, 수명이 단축될 뿐이다. **그리고 화를 내고 있다는 것은 자신감과 여유가 없다는 증거이기도 하다.** 분노 감정을 억누르지 못하고 번번이 화를 내는 것은 자신의 미숙함을 만천하에 알리는 부끄러운 일이다. 분노 감정에 지배되면 판단력이 흐려져 치명적인 실수를 범할 확률도 높아진다.

원래 분노란 엄청난 체력 싸움으로, 정신을 갉아먹는 행위다.

수많은 감정 중에서 분노는 매우 중요한 감정이지만, 결코 활용할 수 없는 카드이기도 하다. 이 카드는 무턱대고 사용해서는 안 된다. **'분노'라는 카드는 정말 소중한 사람을 위해 간직해두는 것이 좋다.**

앞으로의 인생에서 깊이 관계 맺지 않을 사람이라면, 분노보다는 미소를 보이는 것이 서로에게 압도적으로 편하다. 딱히 친하지 않은 사람이나 처음 만난 사람에게 화를 내봤자 체력과 정신의 낭비일 뿐이다. 그리고 만약 친한 사람에게 화를 냈다면 자신의 미숙함을 되돌아볼 기회로 생각하고 냉정하게 반성하도록 하자.

'분노'와 '충고'를 혼동하는 사람들도 있다. 분노는 자신의 감정을 컨트롤하지 못하고 남을 들이받는 행동이다. 즉, 단순한 화풀이다. 충고는 상대방을 성장과 좋은 방향으로 이끌기 위한 것으로, 그 밑에는 사랑이 깔려있다.

우리는 분노를 느낄 때 대개 화를 내지 상대에게 충고를 하지는 않는다. 나를 화나게 만드는 사람은 잘라버리면 그만이지만, 소중한 사람이라면 화가 나더라도 감정적으로 말하기보다 그가 앞으로 더 잘될 수 있도록 냉정하게 얘기해줘야 한다.

'분노'를 버려보자.

정답을
버린다

40

기억해둬야만 할 것이 있다. 그것은 **'세상에 정답은 없다'**
는 진리다.

입장에 따라 정답은 무한히 생겨날 수 있다. 그리고 세상사는 흑
백으로 정확히 나뉠 만큼 단순하지 않다.

흑과 백, 예스와 노. 이런 이차원적인 생각은 쉬운 사고법이라 많
은 사람들이 선호하지만, 사실 이것은 우리의 뇌를 어지럽히는 사
고법이다.

이를테면 토론할 때 "어느 쪽이 정답이라고 생각하십니까?"라는
발언은 무의미하다. 애초에 정답이 없기 때문이다. 이차원으로 생
각하는 사람은 반드시 정답이 필요하다고 여길 것이다. 그러나 그
것은 진정한 토론이 아니다.

토론할 때는 세 가지 전제가 있다.

1. 모든 의견에는 일리가 있다.

2. 절대적으로 옳은 의견은 없다.

3. 입장이 바뀌면 정답도 바뀐다.

이들을 전제로 자신의 주장을 펼쳐가는 것이다. 자기 의견을 상대에게 강요하지 않고, 상대의 의견에 항상 귀 기울이면서 '절대적인 정답'이 아니라 서로 만족할 수 있는 '타협점'을 찾아가는 것이다.

토론에 국한되지 않고 모든 상황에서 이차원적인 사고는 지양해야 한다. 세상은 이차원으로 말할 만큼 단순하지 않다. 단순하지 않은 것을 단순화시키니까 모순이 생기고, 뇌가 혼란스러워하는 것이다.

흑백논리를 펼치지 마라.

'세상에 정답은 없다', 이 의견만은 절대로 정답이다.

너무 큰 목표를
버린다

41

　　큰 목표를 세우는 것은 좋지만, 모두가 도전을 꺼리는 너무 큰 목표는 갖지 않는 것이 좋다. 너무 큰 목표는 도전을 방해한다. "아무래도 못 하겠어. 포기해버릴까?" 하는 마음을 만들어버리기 때문이다.

　　그럴 때는 도전 강도를 낮추는 게 효과적이다. 이를테면 웨이트 트레이닝의 대표적인 운동인 벤치 프레스를 시작할 경우, 처음부터 100kg을 드는 사람은 없다. 우선은 자신이 어느 정도의 무게를 들 수 있을지 신중하게 확인하고 거기서부터 조금씩 무게를 늘려나간다. 그러면 처음에는 절대로 불가능했던 100kg을 들 날이 반드시 찾아온다.

　　운동을 계속하면 100kg 정도는 워밍업 수준이 된다. 웨이트 트레이닝은 '꾸준한 노력은 불가능을 가능으로 바꿔준다'는 인생의 진리를 가르쳐준다.

일도, 공부도, 연애도 모두 웨이트 트레이닝과 같다. 이를테면 애인도 없는 사람이 갑자기 '결혼'을 결심하면 그것은 현실적으로 불가능한 목표다. 그럴 때는 목표까지 가는 길을 작게 나눈 후, 작은 목표를 많이 세워 하나씩 해나가는 것이 바람직하다.

'결혼정보회사에 가입한다', '마음에 드는 이성과 연락처를 주고받는다', '둘이서 식사를 한다', 이런 식으로 목표를 작게 설정해 성실하게 달성해가는 것이다. 그러면 최종 목표인 '결혼'에 점점 가까워질 것이다.

목표를 낮추면 도전도 늘어난다.

도전이 늘어나면 배움도 늘어난다.

배움이 늘어나면 결과가 나온다.

응어리를
버린다

42

누군가를 용서하는 것은 과거에 얽매인 나를 놓아주는 행위다.

과거의 응어리를 놓지 못하면 언제까지나 앞으로 나아갈 수 없다. 앞으로 나아가기는커녕 **과거의 기억이 우리를 계속해서 괴롭힐 것이다.**

과거에 있었던 나쁜 기억을 들춰내 화내고, 괴로워하고, 슬퍼하는 것은 겨우 딱지가 앉은 상처를 계속 후벼 파는 행위와 같다.

누군가를 끝까지 미워한다는 것은 우리의 마음이 상대방에게 계속 향해있다는 증거다. 미워하는 상대가, 나에게 잔혹한 짓을 한 상대가 아직 내 감정을 지배하고 있는 상태라고 말해도 좋다.

그런 어리석은 짓이 또 어디 있을까? 과거에 나에게 상처를 준 사람에게 미래까지 상처 주게 놔두지 마라.

아무리 생각해도 용서할 수 없다면, 억지로 용서할 필요는 없다.

그러나 **잊어라.** 본인을 위해 잊어라.

용서하지 못했던 바보는 잊고, 내 인생을 위해 즐겁게 살아가자.

앞으로 나아가자.

스트레스 원인을
버린다

43

의외일지도 모르지만, 사실 나는 스트레스에 약한 사람이다. 이를테면 잘 때 조금이라도 시끄럽거나 조금이라도 밝으면 초조해서 잠을 자지 못한다. 수면은 매우 중요한 것이기 때문에 그 초조함이란 이루 말할 수 없다.

그래서 방을 선택할 때 첫 번째 기준은 소음이다. 소리가 나는 물건은 침실에서 철저히 배제하고, 내가 편하게 잘 수 있는 환경을 필사적으로 만든다.

지금 내가 하고 싶은 말이 무엇인가 하면, **스트레스는 억누르는 것보다 그 원인을 제거하는 게 압도적으로 효과적이라는 뜻이다.**

생활에서 스트레스 요인을 배제하면 할수록 스트레스는 단숨에 작아진다.

아주 약간의 초조함도 눈감아 버려서는 안 된다. 아주 작은 스트레스도, 그것이 매일 지속되면 막대한 스트레스가 된다. 덜 수 있는 스트레스 요인은 철저하게 덜어야 한다.

이를테면 요즘에는 SNS에 스트레스 받는 사람이 많이 있다. SNS가 스트레스 요인이라는 것을 알았다면 큰맘 먹고 스마트폰에서 SNS 앱을 지워야 한다.

집안일도, 이를테면 설거지가 조금이라도 쌓여있는 게 싫다면 식기세척기를 사든가 식기를 일회용기로 바꾸면 된다. 만원 전철이 싫다면 아침 일찍 일어나 비교적 한산한 첫차를 타고 출근해 업무가 시작되기 전까지 독서를 하거나 유튜브를 보면 된다.

우선은 자기가 무엇에 스트레스를 느끼는지 잘 알아야 한다. 그리고 그 원인을 생활 속에서 철저하게 배제해 스트레스 발생 요인을 지워나가야 한다.

스트레스 원인을 치워버리자.

위험하다면 도망쳐라. 도망가야 할 타이밍을 놓치면 건강, 정신, 자존 등 그 무언가가 상처 입게 된다. 한번 상처 입으면 원래대로 되돌리기 매우 어려우니 주의하길. 착각하지 마라. 도망은 패배가 아니다. 앞으로 나아가기 위한, 미래에 이기기 위한 일시후퇴일 뿐이다. 도망은 훌륭한 전략이다. 가슴을 쫙 펴고 당당하게 도망쳐라.

정말 괴로울 때는
도망친다

44

견딜 수 없을 정도로 힘든 상황에 놓였다면, 도망쳐라. 몹시 미안하지만, 이것은 제안이 아니다. 명령이다.

명령이니까, 빨리 도망쳐라.

나는 착하고 성실한 사람일수록 '도망'이라는 선택을 하지 못해 몸과 마음을 다치는 것을 몇 번이나 보아왔다. 이젠 더는 그런 사람을 보고 싶지 않다.

이 세상에 몸과 마음 이상으로 중요한 것은 없다. 그러니 '도망'이라는 선택지를 항상 머릿속에 넣어두길 바란다.

다 괜찮다. **인생은 한두 번 도망쳤다고 끝나지 않는다.**

오히려 도망치지 않고 오래오래 참다가 몸과 마음이 다치면 그 후의 인생은 생각보다 더 비참해진다. 싫든 좋든 인생은 계속되기 때문이다.

인생에는 참아야 할 때와 도망쳐야 할 때가 있다. "다들 참고 있는데 나만 도망치는 건 비겁한 거 아닌가?"라는 생각은 접어두는 게 좋다. 왜냐하면 사람마다 참을성이 다 다르기 때문이다.

자신에게는 심각한 고민도 남들 눈에는 심각하지 않게 보일 때가 있다. 따라서 자신의 판단으로 힘들고 괴로운 상황이라면 도망치는 것도 하나의 대책이다.

남들이 아무리 뭐라 해도 내가 괴로우면 괴로운 거다. 주관이 전부다.

내 마음이 한계를 느낀다면 치명상을 입기 전에 도망쳐라. 도망에 정당한 이유 따위는 없다.

따라서 **도망칠 때는 체면 차리지 말고 전속력으로 도망쳐라.** 책임 따윈 버려두고, 자기 우선 모드에 들어가라.

책임감이 강한 것도 좋지만, 내 몸을 지켜주는 사람은 나밖에 없다. 우리는 내 몸을 지키는 절대 책임자다.

아직 힘이 남아있을 때
도망친다

45

　　여기서는 앞 장에 이어 '무리하지 말고 도망쳐라'가 주제인데, 정말 정말 중요한 사실을 알려주겠다.

　'도망'이 중요하다고 생각하는 것만으로는 아직 부족하다. 왜냐하면 열악한 환경에 놓이게 되면 정상적인 사고회로가 점점 멈추게 되기 때문이다. 인간관계에서 스트레스를 받고, 일과 공부에 압박을 받고, 수면부족으로 자율신경이 망가져버리면 정상적인 판단을 할 수 없게 된다.

　"나는 여차하면 도망갈 거니까 괜찮아." 이렇게 여유를 부리면 안 된다. 학교에서든, 회사에서든, 집에서든, 이대로 있다간 정말 심신이 약해질 거 같다면 **아직 힘이 남았을 때, 정상적인 판단을 할 수 있을 때 도망쳐야 한다.**

그런 열악한 환경에서는 "이런 것도 못 하면서 뭘 어떻게 하겠다는 거야!" "여기서 그만두면 앞으로 네 인생도 끝이야!"라는 근거 없는 협박을 하고, 상대방을 컨트롤하고, 자존심을 뭉개버리는 사람이 반드시 존재한다. 심신이 약해지면 그런 악의에 찬 비열한 말을 믿게 되고, '내가 있을 곳은 여기밖에 없어.' '나는 고작 이것밖에 안 되는 나약한 인간이야.' 등의 생각에 빠지게 된다.

장담하지만, 이런 말은 새빨간 거짓말이다. '인생 종료'나 '모든 것을 잃게 된다'는 것은 있을 수 없다.

피하거나 포기해도 인생은 절대 끝나지 않는다. 살아있는 한, 도망쳐도 앞으로 나아갈 의지가 있는 한, 몇 번을 포기해도 다시 일어날 수 있다.

그러니까 냉정하게 따져봐서 열악한 환경이라고 생각되면 재빨리 그곳에서 도망쳐라. 제발, 꼭 약속해주길.

저기압인 사람에게서
도망친다

46

일이 잘 풀리지 않는 건지, 개인적으로 복잡한 일이 있는 건지는 몰라도 주위에 자신이 기분이 좋지 않다는 분위기를 마구 풍기는 사람들이 있다. 착한 사람일수록 남의 눈치를 보는 경향이 있어서인지 자기가 잘못한 것도 아닌데 그런 사람의 기분을 달래주고 마음을 풀어주려고 애쓰는 것을 종종 본다.

하지만 절대 그럴 필요 없다.

어른이라면 자신의 기분은 자신이 컨트롤해야 한다. 누군가 기분 나쁜 듯한 행동을 해도 그건 그 사람의 매너 탓이지 당신의 문제가 아니다. 마음의 여유가 있어서 상대방의 기분을 풀어주거나 이야기를 들어주는 것은 좋다. 그러나 필요 이상으로 개입해서 스트레스를 받는 것은 어이없는 일이다.

만약 저기압인 사람이 옆에 있다면, 살짝 거리를 두고 가능한 한 말을 섞지 않는 것이 상책이다.

물론 우리도 자신의 기분은 가능한 한 자신이 컨트롤해야 한다.

친한 친구에게 이야기를 털어놔도 좋고, 좋아하는 영화를 봐도 좋고, 만화책을 읽어도 좋다. 독서를 해도 좋고, 운동을 해도 좋고, 과자를 먹어도 좋다. 어떤 수단이라도 좋으니 스스로 스트레스를 해소해야 한다. 내 기분 때문에 다른 사람을 불쾌하게 만들지 않겠다는 생각이 바람직하다.

사람이라면 누구나 문제나 고민을 품고 있다. 하지만 그렇다고 해서 모두가 주변 사람을 불쾌하게 만들지는 않는다.

혹시 자신만 비극 속의 히어로라고 생각하는가? **아무리 불행해도 주변 사람을 괴롭힐 권리는 그 누구에게도 없다.**

나만의 세계로
도망친다

47

컨디션이 좋지 않을 때 혹은 불안할 때가 있을 것이다.

그럴 때는 한 20분 정도 충분히 아침 햇볕을 쬐거나, 좋아하는 음악을 들으면서 운동을 해보자. 맛있는 저녁식사를 하고, 영화관에 가서 슬픈 영화를 보며 눈물을 흘리고, 독서로 지적 호기심을 채워보는 것은 어떨까? 평소에 먹고 싶었던 케이크를 사 먹고, 예능 방송을 보며 웃고, 알람을 맞추지 않고 잠을 자보자. 이렇게 하다 보면 기분이 한결 후련해질 것이다.

컨디션이 좋지 않을 때는 고민하고 머리를 써봤자 오히려 역효과가 난다. 양질의 수면, 운동, 식사 등 좋아하는 것을 하면서 스트레스를 해소하면 자율신경과 호르몬에 균형이 생겨 활력을 되찾을 수 있다. 속는 셈 치고 한번 해보길 바란다.

이때 포인트가 하나 있다. **다른 사람과 만나지 않을 것.**

사람을 만나면 반드시 예정이 어긋나 버린다.

물론 누군가와 대화하는 것도 최고의 스트레스 해소법 중 하나다. 그러나 이것은 리스크가 매우 크다. 계획을 다시 세워야 하는 스트레스, 상대방의 사정으로 예정이 어긋나 버리는 스트레스, 이상적인 휴일을 보내지 못하는 스트레스(그 사람에게는 그 사람의 이상이 있다.) 등 다른 사람이 개입하면 불필요한 스트레스가 반드시 생기기 마련이다.

나만 존재하는 단 하나의 세상에서는 그런 걱정이 필요 없다. 아침부터 저녁까지 내가 하고 싶은 대로 하면 된다.

가끔은 누구와도 만나지 말고, 혼자서 자유롭게 하고 싶은 대로 하고 지내보자. 이것은 현대사회에서 매우 중요한 일이다.

스마트폰이나 SNS의 영향도 있고, 현대인은 항상 누군가와 연결되어 있다. 가끔은 연결을 차단하고 밖으로 나와보면 어떨까?

취미 속으로
도망친다

48

이것은 너무나 중요한 것이어서 학교에서도 가르쳐야 하지 않을까 생각하는데, 나는 혼자서도 즐길 수 있는 '자기만의 취미'를 갖는 것이 필요하다고 생각한다.

'나만의 취미'는 친구를 사귀는 것만큼이나 중요한 일이다. 친구는 학교를 졸업하고 결혼하면 만날 시간이 점점 줄어들지만, 몰두할 수 있는 취미는 평생을 함께할 수 있다.

단 하나라도 몰두할 수 있는 취미가 있으면, 친구가 많고 적음은 그다지 문제가 되지 않는다.

취미가 있으면 남의 눈을 의식하거나 미움받는 것을 두려워할 필요가 없어진다. 왜냐하면 혼자서도 잘 놀기 때문이다.

물론 취미는 때에 따라 바뀔지도 모르지만, 혼자서도 잘 노는 방법을 익히면 그 어떤 취미라도 응용할 수 있다.

게다가 요즘 시대에는 취미를 즐기다 새로운 만남을 가질 수도 있고 (취미가 같기 때문에 성격도 잘 맞는다.) 때로는 돈도 벌 수 있다.

그리고 무엇보다 현실 세계를 완전히 잊고 나만의 세계에 몰두하는 것은 스트레스 사회라고 불리는 현대사회에 꼭 필요한 '스트레스 치료제'가 된다.

살다 보면 너무 괴롭고 견디기 힘든 순간이 온다. 현실 세계는 녹록지 않다. 그러나 취미의 세계는 언제나 즐겁다. 최강의 현실 도피처라 할 수 있다.

근육은 배신하지 않고, 이차원 캐릭터는 신뢰할 수 있고, 영화나 책은 우리를 거부하는 일이 없다. 취미생활은 이다지도 장점이 많다.

취미가 현실에서 도피하고픈 근본적인 문제를 해결해주지는 않는다. 그러나 **현실을 달려나가기 위한 스트레스 해소, 원동력은 되어준다.**

독서, 게임, 러닝, 무엇이든 좋다. (개인적으로는 웨이트 트레이닝을 추천한다.) 혼자 몰두할 수 있는 취미를 가지면 인생은 한결 즐거워진다.

내 인격을 모독하는 사람에게서 도망친다

49

세상에는 우리의 인격과 인간으로서의 존재가치를 무시하여, "나는 정말 살아갈 가치가 없는 걸까……." "나는 아무짝에도 쓸모없는 인간일까……." 하는 자괴감에 빠지게끔 만드는 흉악한 인간들이 있다.

만약 당신의 인격을 무시하는 사람이 있다면, 설령 그 사람이 부모라도 하루빨리 거리를 둬야 한다.

"나는 정말 가치 없는 인간일까?" 생각하게끔 만드는 놈이 있다면 그 사람을 적으로 인식해라. 그리고 절연해라. 자존심이 박살 나기 전에 지금 당장 연을 끊어라.

한번 무너진 자존심은 쉽게 되돌아오지 않는다.

남의 인격을 공격하는 녀석은 백 퍼센트 쓰레기다. 따라서 절연

해도 아무 문제 없다.

"남의 인격을 무시하는 넌 뭔데?"라고 따지고 들어야 마땅하지만, 인격 모독은 이 말조차 꺼내지 못할 만큼 우리에게 큰 상처를 준다.

주저하지 마라. 그런 사람과는 자비 없이 관계를 끊어버려라.

누군가에게 어떤 취급을 당해도, 어떤 말을 들어도 "나는 정말 가치 없는 인간일까?" 혹은 "아무짝에도 쓸모없는 인간인 걸까?" 등의 생각을 해선 절대 안 된다.

당신에게는 그 어떤 문제도 없다.

남을 그런 식으로 평가하는 그쪽이 한심한 거다. 일반적으로 사람은 타인의 자존심에 상처 주는 말을 하지 않는다.

가치 없는 사람은 이 세상에 단 한 명도 존재하지 않는다. 이 세상에는 반드시 우리를 필요로 하는 사람이 있고, 우리에게는 그 어떤 재능이 있고, 마음만 먹으면 우리도 세계를 바꿀 수 있다.

우리에게는 가치가 있다. 그것을 절대 잊지 말자.

잘 풀리지 않으면
도망친다

50

사람에게는 맞는 것과 맞지 않는 것이 있다. 학교가 지겨우니까 회사도 지겨울 거라고 단언할 수는 없다. 지금의 직장에서 무능하니까 앞으로 이직해도 계속 무능할 거라고 단언할 수 없다.

재능과 능력은 딱 맞는 곳에 놓이면 비로소 빛을 발하게 되어 있다.

천재 프로그래머에게 육상을 아무리 시켜도 올림픽에 출전하지는 못할 것이다. 그러나 IT 기업에서 그 사람에게 딱 맞는 미션을 주면 세계를 석권하는 새로운 비즈니스가 탄생할지도 모른다.

물고기는 땅에서는 달리지 못하지만 헤엄은 따라올 자가 없지 않은가. 사람에게는 각각 맞는 곳과 맞지 않는 곳이 있다. 즉 적재적소가 있는 것이다. 그리고 우리가 생각하는 것 이상으로 이 '적재

적소'의 영향력은 막대하다.

어떤 곳에서 결과가 나오지 않으면 자신의 능력 부족과 노력 부족을 탓하기 쉽지만, 단순히 지금 있는 환경과 맞지 않는 것일지도 모른다.

우리가 즐길 수 있는 장소, 재능을 발휘해 활약할 수 있는 장소는 반드시 있다. 희망을 버리지 말고 나와 맞는 곳을 찾아보자.

좁은 세계에서 실력을 보여주지 못했다고 낙담할 필요 없다. 세계는 우리가 상상하는 것 이상으로 넓고 훌륭하다. 누구에게나 반드시 맞는 곳은 있다.

한 번 더 말하겠다. 아니, 몇 번이고 강조하겠다.

지금 잘 풀리지 않는다고 해서 그것만으로 금방 기죽을 필요 절대 없다. 잘 풀리지 않았다면 일단 그곳에서 잠시 도망쳐 내가 빛날 수 있는 곳을 찾아보자.

뭐든 포기해도 좋다. 그렇지만 내가 빛날 곳, 즐길 곳을 찾아 행복해지는 것만은 절대로 포기하지 말자. 이것만은 꼭 약속해주길 바란다.

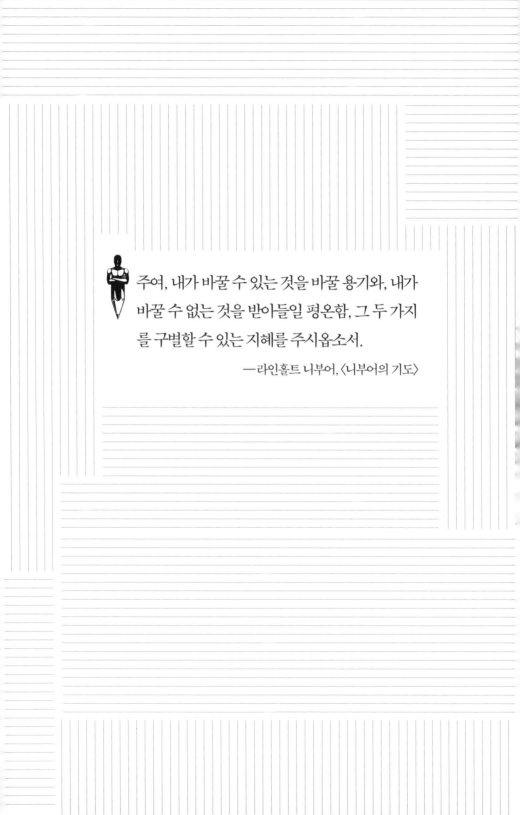

주여, 내가 바꿀 수 있는 것을 바꿀 용기와, 내가 바꿀 수 없는 것을 받아들일 평온함, 그 두 가지를 구별할 수 있는 지혜를 주시옵소서.

—라인홀트 니부어, 〈니부어의 기도〉

최선을 다한 나를
받아들인다

51

아무리 젖 먹던 힘까지 다 짜내도 실패할 때는 실패하는 법이다.

그럴 때는 자신을 원망할 필요 없다. 이미 최선을 다한 것이므로, 결과는 어쩔 수 없다.

우리에게는 그 어떤 잘못도 없다. **오히려 최선을 다한 자신을 칭찬하고 자랑해야 한다.**

젖 먹던 힘까지 다 짜내 무언가에 도전했다는 것은 칭찬받아 마땅한 일이다. 성공과 실패를 떠나 당신은 승리자다.

있는 힘껏 도전한 경험은 우리의 인생에 반드시 빛이 되어주고, 설령 실패했더라도 그 일은 우리에게 큰 깨달음을 준다.

최선을 다한 사람에게 슬픈 얼굴은 어울리지 않는다.

웃어라. 당신은 정말 잘 해냈다.

나는 최선을 다한 당신이 정말 자랑스럽다.

실패를
받아들인다

52

실패의 쓴맛을 본 당신! 괜찮다!

실패했다는 것은 자신의 한계를 뛰어넘는 도전을 했다는 증거다.

자신의 능력 범위 안에서 도전하는 사람은 실패하지 않는다. 도전하지 않는 사람은 실패조차 하지 않는다.

당신은 실패했다. 그것은 사실이다. 하지만 그것은 당신이 용감한 도전자라는 증거이기도 하다. **실패한 자신을 부끄러워하지 말고 자랑스럽게 생각해야 한다.**

실패를 거듭해도 '실패한 자신'을 자랑스럽게 여겨라. 그래야 '도전할 용기'를 잃지 않게 된다.

도전할 용기만 있다면 앞으로 어떠한 일이 닥쳐도 반드시 살아

남을 수 있다. 항상 앞을 향해, 위를 바라보며 도전을 멈추지 않는 사람은 그 미래가 밝다.

넘어진다 해도 실패를 자기 자신과 연결 지어서는 안 된다. 실패와 자신을 연결 지으면 신은 우리의 손을 놓을 것이다. 실패할 때마다 자신을 원망하면 자존감이 무너져버린다.

기억해두길 바란다. 실패했다고 해서 인간으로서 자격 박탈인 것은 절대 아니다.

실패는 실패다. 나는 나다.

필요 이상으로 실패를 두려워하지 마라.

실패를 훈장으로 생각해도 좋다. 실패가 많은 인생은 그만큼 좋은 인생이다. 자, 이제부터 실패를 쌓아나가 보자.

모순을
받아들인다

53

　　세상에는 다양한 의견을 가진 다양한 사람이 있고, 각자 자신의 생각을 주장한다.

　　이를테면 "인간의 욕망은 끝이 없다. 그 덕분에 세상은 이만큼 진화했다. 그러니 욕망을 가져라."라고 주장하는 사람이 있는 반면에 "인간의 욕망은 끝이 없다. 따라서 부족함을 모르면 평생 만족을 못 하게 된다. 그러니 욕망을 버려라."라고 주장하는 사람도 있다.

　　이것은 상반된 생각이지만, 둘 다 정답이다. 그리고 우리는 **그때 그때의 목표와 가치관에 맞는 사고방식을 받아들이면 된다.**

　　목적과 가치관, 입장이 바뀌면 당연히 생각도 바뀐다. 생각은 시간과 함께 변화하기 때문에 과거의 생각과 현재의 생각이 모순돼도 상관없다.

생각은 무기와도 같다. 때와 장소에 맞는 가장 적절한 것을 선택해 사용하면 된다.

앞을 향해 달리고 싶을 때는 "조금만 더 힘내자." 하며 자신을 격려하면 되고, 쉬고 싶을 때는 "쉬는 것도 하나의 전략이다." 하면서 자신을 다독이면 된다.

전사가 무기를 바꿔 싸워나가는 것처럼 우리도 상황에 맞는 생각을 선택하면 된다.

모순은 훌륭한 전략이다.

불안정을
받아들인다

54

　　세상에는 '안정 지향'의 사람들이 있다. 불확실한 것을 싫어하고, 5년 후 혹은 10년 후 자신의 모습이 보이지 않으면 낙담하는 유형이다.

　　이것은 우리 부모 세대에 많이 나타나는 유형일지도 모른다. "대기업에 들어가면 안정된 생활을 할 수 있다." 또는 "공무원이 철밥통이다."라는 말을 들은 사람이 많을 것이다.

　　불과 한 세대 전만 해도 '안정 지향'이 하나의 선택지였다. 그러나 유감스럽지만, 현 시대에 안정은 존재하지 않는다. **엄청난 속도로 눈부시게 변화하는 사회에서 안정이란 개념은 사라진 지 오래다.**

　　이미 사라진 것은 지향해봐야 잡을 수 없다. 잡을 수 없기 때문에 괴로움만 커지는 것이다. 현대에는 안정을 지향하는 순간 '게임 끝'이라고 생각해도 좋다.

불안정하고 변화가 빠른 현대사회에서 안정을 되찾는 유일한 방법은 '불안정을 받아들이는 것'밖에 없다.

연속된 불안정을 능숙하게 다룰 줄 아는 자만이 안정을 잡을 수 있다. 안정을 손에 넣는 방법은 이것뿐이다.

이제 더는 대기업 혹은 공무원이 철밥통이 아니다. 현대사회에서 그런 생각은 환상에 지나지 않는다. 대기업도 부도가 나는 시대고, 유감스럽지만 우리라고 언제까지나 경제 강국일 수는 없다.

안정 지향을 버려라. 불안정을 받아들여라. 혼돈을 즐겨라.

고난을
받아들인다

55

인생은 고난의 연속이다. 고난, 고난, 또 고난.

고난은 언뜻 보면 적군처럼 보이지만, 사실은 아군이다. 사람은 고난을 만나야 그것을 해결하기 위해 노력하고 비로소 성장한다. 고난이 우리를 성장시키고 발전시키는 것이다.

오히려 모든 일이 순조롭게 흘러간다면, 그때가 바로 위기 상황 일지도 모른다.

최근 승승장구하고 고난을 만난 적이 없다면 주의하라. 승승장 구했다는 것은 나의 실력 범위 안에서만 행동했다는 증거다. 즉 도 전이 부족했다는 것이다.

사람은 현재 상태에 안주하면 성장할 수 없다. 성장하지 못하면, 지금 당장은 괜찮아도 가까운 미래에 반드시 고난에 빠지게 된다.

매일 일어나는 고난을 덮어두기만 하면 그 고난은 눈덩이처럼 불어나 쉽게 해결할 수 없는 강력한 힘을 얻게 된다. 고난을 묵혀두어 한 번에 해결하기보다는 그때그때 고난과 싸워 자신을 업데이트하는 편이 훨씬 낫다.

인생은 고난의 연속일 수밖에 없다. 고난을 즐겨라.

어떤 고난이든 뛰어넘어 자신의 양분으로 삼아라. 고난 속에서 웃어라.

고난이 시작됐다고? 그건 성장할 때가 왔다는 뜻이다.

불황기를
받아들인다

56

인생의 불황기를 맞은 당신! 괜찮다! 다 잘될 것이다! 그러니 낙담하지 마라!

이건 누구에게나 할 수 있는 말이라고? 그렇지 않다. 당신이 지금 이 문장을 읽고 있다는 사실이 그 증거다.

당신은 과거에 몇 번이나 인생의 고비를 넘겼을 것이다. 포기하고 싶다는 생각을 몇 번이나 했을 것이다. 그러나 당신은 지금 이렇게 살아있지 않은가. 지금 이렇게 책을 읽고 있지 않은가. 인생이라는 서바이벌 게임에서 살아남았기 때문에 지금 이렇게 이 문장을 읽고 있는 것이다.

내 말을 믿지 않아도 좋다. 그러나 자신은 믿길 바란다.

지금 이 나쁜 상황도 어떻게든 지나갈 것이다. 인생은 죽을 때까지 끝난 게 아니다. 죽음 이외에는 그저 작은 상처일 뿐이다. 그렇게 심각하게 생각하지 않아도 된다.

긴 인생 속에 호황기가 있으면 불황기도 있는 게 당연하다. 언제나 호황기인 사람은 없다.

호황기에는 누구나 잘나가고 미소를 잃지 않는다. 즉 불황기를 어떻게 대처하느냐에 따라 인생의 진가가 결정된다.

불황기일 때도 포기하지 않고 앞을 내다보는 사람은 어떤 분야에서든지 반드시 성공한다.

불황기? 멋지지 않은가. 당신의 진가를 보여줘라.

겁먹지 마라. 아래를 내려다보지 마라. 극복하라.

※정말 진짜 한계에 부딪혀 건강에도 정신에도 적신호가 들어왔다면 이것저것 신경 쓰지 말고 휴식을 취해보자. 앞만 보고 내달리는 것도 중요하지만, 건강보다 더 중요한 것은 아무것도 없다. 그러니 아무리 바빠도 하루 세끼는 잘 챙겨 먹고, 최소한 여섯 시간은 잠을 자자. 이것만 지킨다면 큰 무리는 없을 것이다.

과소평가를
받아들인다

57

누군가가 나를 과소평가한다면 대개는 기분이 상할 것이다. 그러나 "지금 나 무시하는 거야?"라는 분노와 "내가 정말 그 정도밖에 안 되나?"라는 자괴감만 잘 억제할 수 있다면, **사실 과소평가도 행운일지 모른다.**

상대의 기대치가 낮으면 그의 예상을 뛰어넘는 결과를 쉽게 낼 수 있기 때문이다. 이것은 높은 기대에 못 미치는 것보다 백 배는 낫다.

게다가 만약 상대방이 나의 경쟁자라면 토끼와 거북이 이야기처럼 **상대가 방심한 틈을 타 내가 반전을 이뤄낼 수도 있다.** 이만한 행운이 또 어디 있을까.

이 세상이, 혹은 특정 누군가가 당신을 과소평가한다면 기분 나빠 하지 말고 차근차근 노력해 압도적인 결과를 내도록 하자. 결과만 낸다면 상대는 조용히 물러날 것이다.

나를 무시했다고? 업신여겼다고? 그건 다 행운의 시작이다.

단점을
받아들인다

58

나의 단점에서 눈을 피하지 말자.

단점을 알면 자신이 싫어질 수도 있다. 그러나 단점을 안 순간 우리의 인생은 최고 상태에 도달하게 될 것이다. 단점을 알았다는 건 '대책을 세울 수 있다'는 의미이기 때문이다.

가장 위험한 상태는 자신의 단점을 모르는 상태다. 단점을 모르면 대책 또한 세울 수 없다.

단점은 바꿔 말해 여백이라고 할 수 있다. 사람은 여백을 채워야 크게 성장한다. 따라서 자신의 단점을 발견했다면 피하려고 하기보다는 기뻐해야 한다.

기업은 자신의 단점을 찾고 개선하기 위해 컨설턴트와 전문가에게 막대한 돈을 투자한다. 단점을 명확하게 아는 것은 이 정도로 가치 있는 일이다.

시작이 반이라는 말이 있다. 단점 또한 명확하게 인식한 시점에서 절반은 개선에 가까워졌다고 할 수 있다.

머리가 나쁘면 공부하면 된다. 외모에 자신이 없으면 성형이나 다이어트를 하면 된다.

세상에 해결되지 않는 문제도 많지만, 개선되지 않는 문제는 없다. 개선 의지만 있으면 단점은 힘을 잃고 조용히 물러나게 된다.

자, 단점을 물리쳐 보자.

질투심을
받아들인다

59

인간이라면 누구나 질투라는 감정을 가지고 있다. 그러니 남에게 질투하는 자신을 나무라거나 자기혐오에 빠질 필요는 전혀 없다. 질투하는 자신을 싫어하지 마라.

문제는 '질투' 감정과 어떻게 마주하는가다.

질투는 매우 강력한 에너지를 가지고 있다. 그 에너지로 남을 험담하고 미워하고, 최악의 경우에는 범죄까지 저지르는 사람도 있다. 그러나 그 에너지로 공부나 일에 매진해 무서운 속도로 자신을 성장시키는 사람도 있다.

질투라는 연료를 어디에 넣을지 결정하는 이는 자기 자신이다. 그렇다면 자기성장의 연료로 넣는 것이 좋지 않을까?

누군가의 발목을 붙잡기보다는 자신을 성장시켜라. 험담하고 미위하면 내려가는 것은 상대방에 대한 평가가 아니라 나 자신에 대한 평가다. 이건 정말 어리석은 짓이다.

게다가 **누군가를 질투하고 부러워한다는 것은 자신의 목표와 욕구를 찾았다는 표시일 수도 있다.**

목표나 욕구를 찾았으면 나머지는 그것을 향해 나아가면 된다. 질투는 당신의 목표와 욕구가 무엇인지를 알려주는 고마운 감정이라고도 할 수 있다.

질투는 에너지가 되고, 자신의 목표를 찾아주는 나침반이 되기도 한다. 피하기는커녕 오히려 환영해야 할 감정이다.

더 많이 질투하자. 질투할 때마다 당신은 성장할 것이다.

배신을
받아들인다

60

배신에는 두 가지 유형이 있다.

첫 번째는 배신을 밥 먹듯이 하는 저급한 인간의 배신이다. 만약 그런 사람이 있다면 빨리 상대의 본성을 파악하여 관계를 끊는 것이 좋다. 원래 그런 사람과는 오래 사귀는 게 아니다. 관계가 끊겼다면 행운이라고 생각하자.

두 번째는 **이익이 나지 않으면 배신하는 경우다.** 대부분 서로의 이익 균형이 깨졌을 때 사람은 사람을 배신한다. 함께할 때 서로가 행복하다면 배신은 일어나지 않는다. 만약 누군가에게 배신당했다면 그 원인이 나에게 있을 수도 있다.

우리가 상대에게 충분한 보상과 대우를 해주었다면 그는 우리를 배신할 필요가 없었을 것이다. 우리가 상대를 착취하듯 부려먹어서 거기에 정이 떨어져 우리를 배신하고 떠난 것일지도 모른다. 그렇다면 그 배신은 반드시 상대방의 잘못이라고 말할 수 없다. 부려 먹은 우리에게 잘못이 있는 것이다.

만약 두 번째 유형으로 배신당한 거라면 자신의 행동을 반성할 기회로 삼자. 이 또한 행운이라고 할 수 있다.

한번 생각해보자. 세상에는 좋은 사람과 나쁜 사람이 존재하는 것이 아니다. 이해관계가 일치하는 사람과 상반되는 사람이 존재할 뿐이다. 이해관계가 일치하면 그 사람은 우리에게 있어서 좋은 사람이 된다. 반면에 이해관계가 상반되면 그 사람은 우리에게 나쁜 사람이 된다. 그저 그것뿐이다. 배신당했다며 감정을 소란스럽게 어지럽힐 필요 없다.

사람을 믿지 못하게 됐다고 말할 이유 또한 없다. 정말 가깝고 소중한 사람만 믿으면 되고, 얕은 관계의 타인은 '좋은 사람/나쁜 사람'의 틀이 아닌 '이해관계가 일치하는 사람/이해관계가 상반되는 사람'의 축으로 봐야 한다. 그러면 인간관계를 해석하는 힘이 커지고 감정을 낭비하는 일은 줄어든다.

누군가에게 배신당해 끙끙 앓거나 후회해도 어쩔 수 없다. 반성할 일은 반성하고 잊어야 할 일은 재빨리 잊으면서 감정을 다스려야 한다. 그래야 앞으로 나아갈 수 있다.

멀어지는 친구를
받아들인다

61

    삶의 무대가 바뀌고 사고방식이 바뀌면 자연히 인간관계도 바뀌게 된다.

    가끔은 나에게서 멀어지는 친구도 있을 것이다. 그럴 때에도 마음 쓰지 말자. 필사적으로 관계를 유지할 필요도 없다. 그때의 목표나 사고방식에 따라 친구 관계가 바뀌는 것은 지극히 당연한 일이다.

    사소한 일로 관계가 끊어져 버린다면, 처음부터 그 정도 인연밖에 되지 않았던 것이다.

    떠날 사람은 반드시 떠난다. 언제가 됐든 간에 그 사람은 나를 떠나게 되어 있다.

    언젠가 사라질 관계 때문에 고민하고 슬퍼하는 것은 어리석은 일이다.

삶의 무대가 바뀌고 사고방식이 바뀌었다고 떠날 사람이라면 애초에 진정한 친구라고 말할 수도 없다. 따라서 멀어진 친구 일로 고민 따윈 하지 말자.

오히려 빨리 떠나간 것을 행운이라고 생각하는 편이 좋다. 그런 녀석은 잊어버리고, 내 주변에 있어주는, 나를 좋아해 주는 사람에게 집중하자.

고독을
받아들인다

62

고독은 두려운 것이 아니다. 즐기는 것이다. 고독은 외로운 시간이기는커녕 좋아하는 것을 마음껏 할 수 있는 사치스러운 시간이다.

누군가와 무언가를 함께하는 것은 막대한 노력과 스트레스를 낳는다. 서로의 일정을 맞추는 것부터 시작해서 장소 이동, 상대방이 지각할지도 모를 가능성, 자신이 하고 싶은 것을 하지 못할 가능성, 또 다른 누군가 개입할지도 모를 성가신 인간관계……, 이 모든 것들은 정말이지 스트레스다.

그에 비해 고독은 최고라 할 수 있다.

정신과 의사인 친구와 대화할 때 그가 한 말이 인상 깊었다.

"기본적으로 정신 증상은 관계성과 사회적 문맥 속에서 생겨나지. 극단적으로 말해, 무인도에서 나고 자란 사람에게는 정신 증상이 하나도 없다는 거야."

나는 이 말을 들었을 때 매우 수긍이 갔다.

'리얼충'*이라는 말도 있듯이, 사람들은 폭넓은 친구 관계를 좋아한다. 물론 그것도 좋다. 그러나 분명 인간관계에 서툰 사람도 있다. 만약 스트레스의 원인이 인간관계에 있다면, 억지로 노력하지 말고 인간관계를 최소한으로 줄여보는 것도 좋은 방법이다.

남의 눈을 의식하지 말고 혼자만의 시간을 즐기면 된다.

또한 **고독은 성장에 있어서 최고의 환경이기도 하다.** 24시간 모든 시간을 성장하는 데 사용해도 누가 뭐라고 할 사람이 전혀 없기 때문이다.

인간관계만이 고독을 해소해주는 것이 아니다. 공부나 일에 열중해도 고독은 해소된다. 이때는 인간관계에 써야 할 힘을 전부 자기 공부에 쓰는 것이기 때문에 엄청난 속도로 성장할 수 있다.

'고독하다'라는 말은 어쩐지 이미지가 좋지 않다. 대신 '고고하다'라고 말해보면 어떨까?

고독하다고 비관하지 마라. 혼자만의 시간에 무엇을 할지 생각하라. 고독을 즐기고 이용하라. 적극적으로 고독해져라.

***리얼충**(リア充) 현실에 충실하고 연애도 잘하는 사람을 말하는 일본의 신조어(옮긴이 주)

반대 의견을
받아들인다

63

자신의 의견이나 생각을 반박당하면 누구나 기분이 나빠진다. 하지만 그렇다고 해서 감정적으로 언쟁을 높이고, 자신의 인격까지 무시당했다고 착각하는 것은 문제가 있다.

생각이나 의견에 정답이 있다고 생각하는 것 자체가 착각이다. 입장이 바뀌면 생각도 바뀌고, 각도가 달라지면 의견도 달라진다. 정답은 사람 수만큼 존재한다.

절대적으로 옳은 의견은 없다. 따라서 **'당신의 의견도 일리 있고, 내 의견에도 일리가 있다'**는 자세가 좋다.

억지로 상대방을 설득할 필요 없다. 무엇이 정답인지 흑백논리로 따질 필요도 없다. 가치관은 서로 인정하는 것이지 부정하는 게 아니다.

타인의 반대 의견을 아니꼽게 받아들이는 성격 또한 우리의 인생에 악영향을 미친다. 작은 반대 의견에도 불같이 화를 내는 사람에게는 그 누구도 자기 의견을 말해주지 않는다. 그러면 그 사람은 고립되고, 그러다 보면 독선적인 생각에 빠질 수밖에 없다.

　　"당신의 의견에 반대합니다."는 당신의 의견에 반대한다는 의미다. 그 이상도 이하도 아니다. "당신의 의견에 반대합니다."를 '당신이 싫다'는 의미로 착각해버리는 사람이 너무나도 많다.

　　의견은 의견일 뿐이다. 인격과는 아무 관계 없다. 인격과 의견을 나눠서 생각하자.

　　반대 의견도 솔직하게 받아들이고, 상대의 입장에서 생각하고, 자신의 가치관과 다른 가치관도 인정하자. 이렇게 멋지고 여유 있는 사람이 되어보자.

"마지막까지 최선을 다해 감동을 주는 것이 스포츠다."의 미학이 있다. "갖은 수단과 방법을 동원해서라도 반드시 이기자."의 미학도 있다. 둘 다 맞고, 둘 다 아름다운 생각이기 때문에 서로 비판할 필요는 없다. 미학은 자신이 관철하는 것이지 남을 관철시키는 게 아니다.

—테스토스테론의 트위터에서

※위의 글은 2018년 러시아 월드컵에서 일본과 폴란드의 경기 중 일본 팀이 보인 소극적인 플레이를 비판하는 여론을 향해 쓴 글이다. 이 글로 180만 인플레이션, 7천 리트윗, 2만 3천 개의 좋아요를 획득했다. 테스토스테론의 글 센스에 전국이 환호했다. 이 트윗으로 인해 비판은 확 줄었고 백 명도 넘는 여성들이 테스토스테론에게 반했다고 한다(물론 본인 생각).

관철하다

나의 미학을
관철한다

64

길에 쓰레기를 버리거나, 거짓말을 하거나, 변명을 하거나, 남에게 상처를 주거나, 약속을 어기거나…… . 이처럼 내 양심에 반하는 행동을 하면 우리는 자기 자신이 점점 싫어지게 된다.

물론 사소한 거짓말이나 약간의 위법행위는 누군가에게 들키지 않고 넘어갈 수 있다. 그러나 자신의 미학을 어기면 자존심이 조금씩 바닥을 보여갈 것이다.

내 행동에 대한 믿음이 사라지면 내 영혼은 죽는다.

나는 남에게 충고하는 스타일은 아니지만, 그래도 지켜줬으면 하는 법칙이 하나 있다.

"자기 미학을 따르며 살아라. (법률은 어겨도 좋다.)"

이상이다.

단 한 번뿐인 인생, 어떻게 살든 당신의 자유다. 다른 사람에게 직접 피해가 가지 않는 한, 우리는 우리가 좋아하는 인생을 살면 된다.

하지만 나는 영혼만큼은 팔지 말라고 말한다. 자신의 미학을 어기는 행동도 추천하지 않는다. 자신을 배신하라고 권하지도 않는다.

자신이 '옳다'고 확신할 수 있는 것, 자긍심을 가질 수 있는 행동을 하자.

높은 의식을
관철한다

65

'의식 높은 계통'*이라는 말이 유행하고 있듯이, 요즘 우리 사회는 높은 목표를 가진 사람을 조롱하는 분위기가 형성되어 있다.

"헛된 꿈 꾸지 마."라며 남을 비웃는 사람은, 그렇게 남을 비웃는 동안에 정작 자신은 웃을 수 없는 상황에 처하게 될 것이다.

의식은 높은 게 무조건 좋다.

생각은 현실이 되기 때문이다.

———

* **의식 높은 계통**(意識高い系) 외국어 등을 섞어 쓰며 수준 높게 말하고 행동하는 사람을 비꼬아 이르는 일본의 신조어(옮긴이 주)

현재의 자신보다 높은 의식을 가져야 사람은 성장할 수 있다. 높은 의식을 갖는 것은 부끄러운 일이 아니다. 오히려 높은 의식을 조롱하는 사람이 부끄러운 것이다.

왜 높은 의식을 가진 사람을 비웃는 건지 나로서는 도저히 모르겠지만, 그렇게 웃고 싶다면 웃으라고 하자. 그들은 우리의 인생과 전혀 관계없는 인간들이다. 게다가 우리는 계속 성장하지만 그들은 언제까지나 밑바닥에 머물러 있을 테니 어차피 만날 일도 없는 인간들이다.

그러나 잊어서는 안 될 것이 있다. 높은 의식도 좋지만, **그 의식을 따르는 행동도 반드시 필요하다.**

의식과 행동은 세트다.

하지만 행동한다고 해서 당장 현실이 바뀌는 것은 아니다. '의식'과 '현실' 사이에는 갭이 있다.

그리고 '의식'과 '행동'에 갭이 생기면 "거봐. 생각처럼 쉽지 않지?"라며 조롱의 대상이 될 수도 있다. 하지만 그건 어쩔 수 없는 일이다.

어쨌든 높은 의식을 가져라. 그리고 그 의식을 따르는 행동을 하라.

의식과 행동이 맞아떨어졌을 때 우리의 이상은 현실이 된다.

이상적인 자기상을
관철한다

66

인생의 막다른 길에 부딪혔을 때는 '이상적인 나'를 기준으로 생각해보자.

"이상적인 나라면 어떻게 결정할까?"

"이상적인 나라면 어떻게 행동할까?"

"이상적인 나라면 어떻게 말할까?"

이 생각을 따라가다 보면 우선 실수는 줄어든다. 여기서 말하는 '실수'란 실패를 말하는 것이 아니라 후회 없는 올바른 선택을 하는가, 그렇지 않은가의 의미다.

올바른 선택을 내리면 그때마다 이상적인 나에게로 다가갈 수 있다. 그러면 결단을 내릴 때마다 자긍심이 높아지고 자신이 자랑스러울 것이다.

중요한 것은 남을 의식하지 않고 오로지 자신만 생각하는 것이다. 남의 눈을 의식하는 것보다 자신의 행동과 결단에 긍지를 갖는 것이 백 배는 더 중요하다.

물론 예상한 결과가 나오지 않거나 실패할 때도 있을 것이다. 그러나 긍지를 갖고 결단을 내리면 그 결과를 쉽게 받아들일 수 있다. 설령 실패라도 말이다. 자신을 믿고 내린 결단은 후회를 남기지 않는다.

자신의 신념을 왜곡한 채 남의 눈치와 눈앞의 이익만 좇은 결단은 그 결과에 상관없이 반드시 후회를 남긴다.

무엇보다, 이상적인 나와 거리가 먼 행동은 자신의 자존감에 상처를 입힌다. 자존감을 잃으면 자연히 자신이 싫어지게 될 것이다. 인간으로서 이보다 더 가혹한 일이 어디 있겠는가.

나는 지금 무척 피곤한데, 운동하러 가야 할까, 말아야 할까? 이상적인 나라면 어떻게 할까……?

친절한 태도를
관철한다

67

친절을 하찮게 여기지 마라. 친절은 사람이 가질 수 있는 가장 좋은 성품이고, 인생을 즐겁게 만들어주는 마음씨다.

친절에는 정말 멋진 힘이 있다.

우리가 몇 분 짬을 내어 사소한 친절을 베푸는 것만으로도 상대방의 하루는 행복한 날로 바뀔 수 있다. 불과 몇 분 안 되는 사소한 친절이지만, 상대는 그것을 잊지 못하고 몇 번이나 떠올리면서 마음이 흐뭇해질 것이다.

다른 사람에게 친절을 베풀면 본인 또한 기분이 좋아진다. 따라서 우리의 하루도 행복한 날이 될 테고, 그 결과 서로가 행복해질 것이다.

친절은 연쇄반응을 일으킨다.

따뜻한 마음을 받은 사람은 행복해져서 그에게 감사할 것이다. 그러면 감사를 받은 사람 또한 마음이 행복해진다. 친절한 대우를 받은 사람은 "나도 다른 사람에게 친절을 베풀자." 생각할 테고, 친절을 베푼 사람은 "다른 사람에게 더 많이 친절해지자." 다짐할 것이다.

이렇듯 친절은 무한히 돌고 돈다.

단 하나의 친절한 말과 행동이 우리 삶에 침투해 무한한 연쇄반응을 낳고, 그 친절은 돌고 돌아 결국 나에게 되돌아오는 것이다. 이것이 바로 인과응보다.

게다가 친절에는 돈도 들지 않는다. 따라서 불친절할 이유가 전혀 없다. 친절은 하찮은 것도 아니고 가식도 아닌 **우리를 행복하게 만들어주는 요소다.**

누군가에게 친절을 베풀면 나의 자존감도 높아진다. 자신의 친절한 모습을 발견하는 것만으로도 자신이 좋아지게 된다.

자, 이제부터 친절을 실천해보자.

불굴의 정신을
관철한다

68

실패를 받아들이라는 말은 이미 앞에서도 했지만, 실패를 받아들이는 것만으로는 아직 부족하다. **실패는 끝이 아니라 시작이다.**

무언가에 도전해 실패했다 해도 도전한 사람만 가질 수 있는 다양한 정보와 경험을 얻을 수 있다. 그것은 우리의 보물이 된다. 실패했더라도 그 보물을 모아 우리의 보물상자에 잘 넣어둬야 한다. 일반적으로 흔히 말하는 '실패에도 배울 점이 있다'는 말이다.

실패를 필요 이상으로 두려워할 필요는 없다. 확실히 말해두겠다. 처음부터 성공하는 사람은 거의 없다. 성공이란 '도전→실패→분석'이라는 사이클을 반복하며 찾아오는 산물이다.

"처음부터 실패를 각오하고 도전하라."라는 명언이 있듯이, 실패가 반복돼도 반드시 성공할 거라는 의지가 중요하다. 단 한 번의 도전으로 반드시 성공하겠다는 의지는 중요하지 않다.

단 한 번으로 성공하겠다는 생각은 도전을 너무 얕본 생각이다. 한 번의 도전으로 모든 것을 잃은 후 필요 이상으로 실패를 두려워하게 되고 긴장감이 쌓여 일이 잘 풀리지 않게 될 뿐이다.

'도전에는 실패가 따른다', '모든 일은 계획대로 되지 않는다', 이 두 가지 사항을 머릿속에 넣어두고, 실패가 반복돼도 최종적으로는 반드시 성공하겠다는 의지를 다져라. 이것이 올바른 각오고, 올바른 결단이다.

그리고 또 하나, 본인의 실패를 통해 배우는 사람은 당연히 강한 사람이지만 **'타인의 실패'를 보고 배우는 사람은 더 강한 사람이다.**

사람들은 타인의 실패를 보면서 "내가 아니어서 다행이야." "나는 저렇게 되지 않을걸." 하고 생각하는 습성이 있다. 그 어리석은 생각이 사람들을 실패로 이끈다. 타인의 실패를 달갑게 생각하지 마라. 실패한 그 사람도 자신은 괜찮을 거라며 어리석게 생각한 결과 실패한 것이다.

자신의 실패든 타인의 실패든, 실패에는 반드시 배울 점이 있다. 실패했다는 것은 성공에 가까워졌다는 증거다. 그 어떤 실패에도 배울 점은 반드시 존재한다.

좋아하는 것을 위한
고생을 관철한다

69

요즘은 "좋아하는 것을 하며 살아라." "좋아하는 것을 직업으로 삼아라."라는 말을 자주 들을 수 있는데, 한 가지 착각하지 말아야 할 것이 있다. 그것은 '좋아하는 것을 한다=하기 싫은 일은 하지 않아도 된다'라는 의미가 아니라는 점이다.

무엇을 하든 간에 반드시 '피땀 흘리는 노력'은 피할 수 없다. 싫어하는 것과 내키지 않는 것도 해야만 할 때가 있다.

그러나 어차피 고생할 거라면 자신이 좋아하는 것을 위해 고생하는 것이 낫다. **좋아하지도 않는 것을 위해 꾸역꾸역 억지 노력을 하는 것만은 피하자**는 이야기다.

"좋아하는 것을 직업으로 삼아라."라고 말하면 반드시 "좋아하는 것을 직업으로 삼을 만큼 세상은 녹록지 않다."라고 시비 거는 사람이 있는데, 그 반대다. **"좋아하지도 않는 것을 꾸역꾸역 해서 성공할 만큼 세상은 녹록지 않다."**가 진실이다.

좋아하는 것을 하며 사는 인생이 편한 인생이라고 나는 말하지 않았다. 아무리 좋아하는 일에도 힘든 점은 반드시 있다.

그러나 좋아하는 것을 위해서라면 고생이 아깝지 않다. 좋아하는 것을 위해서라면 우리는 그 어떤 고난도 뛰어넘어 크게 성장할 수 있다.

좋아하는 것을 추구하면 인생은 더욱더 즐거워진다. 내가 보장한다.

나만의 규칙을
관철한다

70

자신이 정한 규칙은 철저하게 지켜라. 하루 한 시간 공부하기로 결정했다면 무슨 일이 있어도 반드시 공부해라. 주에 3일은 러닝을 하기로 결정했다면 반드시 달려라.

자신이 정한 규칙을 어기는 것은 자신과의 약속을 어기는 것과 같다.

함께 식사하기로 약속했는데 매번 늦게 오거나 갑작스럽게 약속을 깨버리는 사람들이 있다. 그런 사람은 더는 믿을 수 없게 된다. 자신이 정한 규칙을 자꾸 어기는 것도 이와 같다. 규칙을 자꾸 어기면 결국은 자신을 믿지 못하게 된다.

그렇다, 자신감을 잃게 되는 것이다. 자신과의 약속을 어겼으니 자신을 믿지 못하게 되는 것은 당연하다. 반대로 규칙을 잘 지키면 자신감도 올라간다.

나만의 규칙을 만들어 그것을 지키고 성장해나가자. 성장했다면 더욱더 높은 규칙을 만들어 그것을 지키고 더 높이 성장해나가자.

이 사이클로 자신을 키워나가는 것이다.

나만의 규칙을 지키는 가장 큰 비결은, 규칙을 정했다면 어떠한 일이 있어도 반드시 그것을 지키는 것이다.

이것밖에 다른 방법은 없다.

모든 규칙의 붕괴는 작은 타협에서 시작한다. "이 정도는 괜찮겠지." "오늘은 피곤하니까." 이런 식으로 규칙을 조금씩 어기다 보면 결국 그 규칙은 붕괴하게 된다.

이왕 할 거라면 철저하게 규칙을 지키는 것이 자신감 형성의 최대 비결이다. 무엇을 해도 오래 하지 못하는 사람은 이 방법을 꼭 따라 해보길 바란다.

노력을
관철한다

71

　　훌륭한 사람에게 성공의 비결을 물어보면 "딱히 특별한 것은 없습니다."라는 대답이 돌아오는 경우가 많다. 이것은 그들이 성공 비결을 숨기고 변명하는 게 아니다. 그들의 공부 방법이라든가 노력 방법은 일반인에게 특별할 수 있다. 그러나 그들에게는 일상의 한 부분이기 때문에 그것들을 정말 특별하지 않게 생각하는 것이다.

　　그들의 생활과 습관 그 모든 것이 성공의 비결이다.

　　그 정도 영역에 도달해야 비로소 특별한 성과를 낼 수 있고, 노력이 고생으로 끝나지 않는다.

　　노력은 습관을 이길 수 없다. 의식적인 노력은 무의식적인 습관을 절대 이기지 못한다.

매일 노력해서 양치하는 사람은 없을 것이다. 매일 하는 양치질은 습관이기 때문에 양치를 노력이라고 생각하지는 않는다. 이것과 마찬가지로 공부나 다른 어떤 노력도 습관 수준까지 끌어올려야 한다.

"나는 지금 열심히 하고 있다."라고 의식하는 동안에는 노력에 대한 성과가 나오지 않는다. **습관적으로 꾸준히 노력해야 비로소 성과가 나타난다.**

한 달 반짝 죽어라 노력해도 바뀌는 건 아무것도 없을 것이다. 이것은 노력이라고 말할 수 없고, 그런 반짝 노력으로 성공을 거머쥘 수 있을 만큼 세상은 녹록지 않다.

그러나 안심하라. 노력하고 있다는 의식조차 희미해지고 노력이 일상의 한 부분이 되면, 우리는 노력에 대한 스트레스가 줄어들고 누구나 부러워하는 성공을 거머쥘 수 있게 된다.

우직하게 밀고 나가라. 결과는 반드시 뒤따라온다.

성장을
관철한다

72

노력의 보상은 성공이 아니라 '성장'이다.

안타깝지만 성공에는 한계가 있다. 승자가 있으면 패자도 있다. 게다가 성공하려면 운도 따라야 한다. 그러나 성장은 다르다. 사람은 **올바른 노력을 하면 반드시 성장한다.**

새로운 것을 배우면, 수양을 쌓으면, 어제의 나는 확실히 뛰어넘을 수 있다. 성공은 운도 따라야 하지만, 성장은 선택이다.

성공이라는 틀에서 보면 무모한 노력도 있지만, 성장이라는 틀에서 보면 무모한 노력은 존재하지 않는다.

성공과 실패라는 틀에 사로잡히면 아무리 성장해도 자신의 성장을 인정하지 못하고, 실패했다는 결과만 놓고 '노력이 무모했다'고 결론짓게 된다. 이것은 자신에게 매우 불공평한 생각이다.

설령 실패했더라도 우리는 확실히 성장했기 때문에 **자신의 성장을 떳떳이 인정해줘야 한다.**

'성공하지 못했다=성장하지 못했다'가 아니다.

성공에 그렇게 집착할 필요 없다. 원래 성공은 쉽게 잡히지 않으니까 가치 있는 것이다.

안심하길 바란다. 성공은 도망가지 않는다. 끊임없이 성장을 선택하다 보면 그 끝에 성공이 기다리고 있을 것이다.

성장을 꾸준히 선택하라. 인내하라.

공격 자세를
관철한다

73

죽을힘을 다해서 하지 마라. **죽일 기세로 해라.**

'죽을힘을 다해서 한다'는 것은 질 것을 전제로 한 약자의 사고다. 시작부터 질 각오로 하면 어떻게 될까?

승리를 죽일 기세로 해야 한다. 죽을 각오만큼 의지가 강하다면 죽일 각오도 가질 수 있다.

감옥에 갈 각오로 칼을 휘두르는 사람은 그 무엇도 두려워하지 않는다. 상대방을 죽이고 자신이 살아남을 각오로 칼을 휘두르는 사람은 두려운 것이 많다. 그렇지 않은가?

인생은 항상 강해야 한다.

세상에는 잡아먹는 편과 잡아먹히는 편이 있다. 잡아먹는 편이 돼라. 약한 녀석은 순식간에 잡아먹힌다. 먹히는 편에 서지 마라.

약함은 내다 버려라.

강해야 한다. 강하게 가라.

강자가 돼라. 공격 자세를 관철하라.

감사의 마음을
관철한다

74

행복해지는 방법 중의 하나로 '감사'가 있다.

감사할 줄 모르는 사람이 행복해지기는 매우 어렵다. 감사할 마음 없이 행복해지려고 하는 것은 마음껏 먹고 다이어트에 성공하려는 심보와 같다.

단언컨대, 현재 상태에 만족할 줄도, 감사할 줄도 모르는 사람은 앞으로도 평생 만족할 수 없을 것이다.

"부족함을 알라."라는 말이 있다. 부족함을 아는 유일한 방법이 감사다. 감사라는 행위가 없으면 인간의 욕심은 한없이 커져 언제까지나 만족할 수 없게 된다.

감사할 만한 상황과 사람을 무시하다 보면 어느샌가 우리의 인생은 감사할 만한 대상이 사라져 허무한 인생이 되어버린다.

이런 느낌으로 말이다.

> 어린이 : 공부하기 싫어! 빨리 어른이 되고 싶어!
>
> 어른 : 일하기 싫어! 다시 어린 시절로 돌아가고 싶어!
>
> 직장인 : 9시에 출근하고 6시에 퇴근하는 이 생활도 지겨워! 회사 관두고
> 싶어!
>
> 창업인 : 매달 꼬박꼬박 월급 탈 때가 좋았지…….
>
> 미혼 : 결혼해서 안정된 생활을 하고 싶어.
>
> 기혼 : 결혼 전으로 되돌아가 자유를 느끼고 싶어.

원래 갖지 못한 것에 집착하는 것이 사람의 습성이다. 이러한 불만족의 고리를 끊는 것은 감사밖에 없다.

감사라는 행위로 가장 먼저 구원받는 사람은 바로 나 자신이다.

감사는 익숙해 지나쳐버릴 행복을 재발견하게 해준다.

감사하는 마음을 가져보자.

두근거림을
관철한다

75

'두근거림'은 매우 중요한 감정이다. 만약 인생에서 길을 잃고 헤맬 때가 온다면 가슴이 뛰는 방향으로 선택하면 된다.

가슴이 뛴다는 것은 우리의 직감이, 우리의 세포가 "이 길로 가면 재밌을 거야!"라고 신호를 보내는 상태다. 이 신호를 무시해서는 안 된다.

가슴이 뛸 수 있다는 것은 긍정적인 미래를 상상할 수 있다는 것이다. 무언가 할 수 있을 것 같으니까 가슴이 두근거리는 것이다. 이런 느낌은 정말 소중하고 또 소중하게 여겨야 한다.

주변 사람은 "인생은 녹록지 않아." "네가 하기엔 아직 무리야." 라고 말할지도 모른다. 하지만 기억하라. 그런 말은 들을 필요 없다. 내 안의 목소리에 귀 기울여라. 내 가슴이 뛴다면 하는 거다.

대부분의 사람이 주변 말에 현혹되어 내면의 소리를 잘 듣지 못한다. 그것은 정말 안타까운 일이다. 인생에서 가슴 떨 만한 일을 만나기란 그리 쉽지 않다. 그래서 두근거리는 일을 찾았다면 반드시 손에 넣어야 한다.

가슴이 뛰기 시작했다는 것은 우리에게 성공 요소가 하나 더 생겼다는 뜻이기도 하다. 그 성공 요소는 바로 열정이다. **열정은 오직 두근거리는 일에만 향해있다.**

가슴이 뛰는 일은 고생을 고생으로 생각하지 않고 꾸준히 할 수 있다. 그리고 꾸준히 지속하는 것만으로도 남보다 뛰어난 결과를 손에 넣을 수 있다. 따라서 길을 잃었을 때는 가슴이 뛰는 방향으로 선택해야 한다.

억지로 하는 사람은 즐기는 사람을 절대 이길 수 없다. 높은 행동력으로 꾸준히 노력하는 사람에게 인생은 달콤할 것이다.

해보자. 가슴 뛰는 일을 찾아보자.

미소를
관철한다

76

일이 잘 풀리지 않거나, 힘든 일이 있거나, 문제가 일어나면 사람은 미간에 주름을 잡고 "나 건들지 마."라는 표정을 짓는다. 하지만 그럴 때야말로 미소를 잃지 않는 게 매우 중요하다.

심각할 때는 웃어라.

미국 심리학자 윌리엄 제임스가 남긴 말 중에 "즐거워서 웃는 게 아니다. 웃으니까 즐거운 거다."라는 말이 있다. 확실히 그의 말대로다.

웃으면 패닉 상태에 빠지지 않고 냉정한 판단을 할 수 있는 여유가 생긴다. 웃으면 비관적인 상황도 낙관적으로 보이게 된다. 웃으면 뭐든 할 수 있는 마음이 생긴다.

뭐, 실제로 어떻게든 될 거니까 너무 걱정하지 마라. 어깨의 힘을 빼라.

인생에서 어떻게든 안 될 일은 거의 없다. 우리는 지금까지 인생이 어떻게든 굴러왔으니까 이렇게 살아있고, 인생을 보다 좋게 만들기 위해 이 책을 집은 거다. 그렇지 않은가? 당신은 정말 최고다.

힘들 때도 항상 미소를 잃지 말고 긍정적으로 생각하라.

행복은 웃는 얼굴을 배신하지 않는다. 행복은 희망찬 사람에게 다가온다. 불만이 많고 부정적인 말만 하는 사람에게는 절대 다가오지 않는다.

미소를 잃지 않고 긍정적으로 있으면 우리 주변에도 인생을 즐기고 긍정적인 사고방식을 가진 사람만 모이게 된다. 그런 사람이 내 주변에 모이면 인생은 자연히 좋은 방향으로 흘러간다.

처음에는 웃는 척만이라도 좋다.

일단 웃어보자.

배움의 자세를
관철한다

77

배움의 자세와 호기심을 잃지 않는 한, 사람은 나이가 들어도 젊음을 유지할 수 있다. 반대로 아무리 어려도 배움의 자세와 호기심을 잃으면 빨리 늙어버린다.

육체는 늙어도 마음은 사고방식에 따라 영원히 젊을 수 있다. 신체 나이와 마음 나이가 같아야 한다는 법칙은 존재하지 않는다. 또한 언제까지나 젊게 있으면 인생은 즐거워진다.

에피소드 하나를 소개하겠다. 출장 간 호텔 수영장에서 있었던 일이다.

내가 수영장에서 너무나 상쾌하게, 너무나 시원하게, 너무나 우아하게, 바다를 헤엄치는 해양생물처럼 수영하고 있는데 (어디까지나 내 이미지다.) 70세 정도의 할아버지가 내 옆에서 수영 연습을 하고 있었다. 수영을 처음 배우는 것처럼 꽤 고전하고 있었다.

그런데 정말이지 미소가 끊이지 않았다. 헤엄치는 거리가 1~2미터씩 늘어날 때마다 매우 기뻐하며 수영을 즐기고 있었다.

나는 그 모습을 보고 감동했다. 아무리 나이가 많아도 배움의 자세, 호기심, 그리고 도전할 용기만 있으면 인생은 죽을 때까지 즐길 수 있는 거라고 새삼 실감하게 되었다.

반대로 이것들이 없으면 아무리 젊어도 인생은 즐겁지 않다. (나는 당시 다이어트 중이라 의무적으로 투덜거리면서 수영을 했기 때문에 내 마음대로 그렇게 생각했었다. 할아버지는 정말 즐거워 보인다고.)

몇 살까지가 젊은 걸까? 몇 살까지 우리는 새로운 것에 도전할 수 있을까?

나는 그런 거 모른다. 그야 하루라도 젊을 때 시작하면 뭐든지 유리할 것이다. 그러나 나이를 핑계 대면 아무것도 시작할 수 없다.

그리고 이것만은 확실히 말할 수 있다. **우리의 인생에서 우리가 가장 젊을 때는 바로 지금이다.** 이것만은 절대로 흔들리지 않는 진실이다.

즉 하고 싶다고 생각한 그 순간이 해야 할 적기다. 배움의 자세와 호기심이 있는 한 사람은 계속해서 성장할 수 있다.

배움의 자세와 호기심을 잃지 말고, 평생 현역으로 살아보자.

건강한 생활 리듬을
관철한다

78

불안과 걱정이 있어 고민하는 당신. 지금 당장 고민을 접어둬라. 고민만큼 비생산적인 행위도 없다. 고민해도 문제는 절대 해결되지 않는다.

우물쭈물 고민하면 그것만으로도 시간이 순식간에 흘러가고, 게다가 고민하면 점점 더 안 좋은 쪽으로 상상하게 되며, 그렇지 않아도 피곤한 마음에 더욱더 큰 스트레스를 주게 된다. **고민에는 백해(百害)만 있을 뿐 일리(一利)도 없다.**

'고민의 근본적인 원인'은 아무리 찾으려 해도 의미 없다. 원래 고민이란 구체적인 원인이 없는 게 대부분이기 때문이다.

살아가는 한 문제는 끝없이 나온다. 모든 일이 잘 풀리는 상태는 인생에서 거의 없다. 즉 **삶은 고민의 연속이다.**

그러나 인간에게는 고민하는 시기와 고민하지 않는 시기가 있다. 이 차이는 무엇일까?

기분이다.

고민은 단순한 기분 문제라고 생각해도 좋다. 그리고 인간의 기분은 호르몬 균형과 자율신경 균형을 맞추면 매우 좋은 상태를 유지할 수 있다.

구체적으로 말하면, ①**하루에 8시간 잔다** ②**식생활을 조절한다** ③**주에 3일 운동한다**는 세 가지 행동을 철저하게 지키는 것이다. 나머지는 이 세 가지 행동을 먼저 지킨 후에 하면 된다.

고민하지 마라. 일단 자라. 먹어라. 운동하라. 수면, 식사관리, 운동이 왕도이고 최고의 자기투자다.

아무래도 고민할 거리가 있을 때는 방에서 나와 고민하라. 좁고 어두운 방에서 고민하면 사고도 어두워져 버린다. 해가 떠있을 때는 밖으로 나와 넓고 기분 좋은 환경에서 고민하자.

너무 많이 고민했을 때는 최종 병기인 '웨이트 트레이닝'이나 '러닝'을 하자. 몸을 혹사하면 고민은 강제 종료된다. 웨이트 트레이닝을 할 때 혹은 러닝할 때는 고민할 여유가 사라진다. 밤에는 피곤해서 곯아떨어지기 때문에 완벽하다.

좋다, 무기는 준비되어 있다. 고민과 작별하자.

당연한 것들을
관철한다

79

"식생활에 주의하세요.""잠을 푹 자세요.""적당한 운동을 하세요.""인사를 잘하세요.""솔직하게 살아가세요.""따뜻한 사람이 되세요.""자신을 소중하게 대하세요.""노력하세요.""성실하게 살아가세요.""사람들이 싫어하는 행동은 하지 마세요."

이런 조언을 들으면 "뭐야, 당연한 말이잖아. 지금 그걸 못 하니까 이 고생이지." 또는 "그런 고리타분한 말 하지 말고 좀 더 신선하고 유익한 정보를 달라고!"라는 생각이 들 것이다.

아마 이 조언들은 우리가 어렸을 때부터 귀에 못이 박히게 들은 질려버린 말들일 것이다.

그러나 유감스럽지만, 이것들은 전부 다 버릴 것 하나 없는 가치 있는 조언들이다. 이 조언들이 계속 전해지는 이유는 그만한 가치가 있기 때문이다.

무언가 기적 같은 조언을 바라는 마음은 나도 잘 안다. 원래 당연한 것은 성에 차지 않는 법이다.

그러나 성공을 이끄는 숨은 비법이나 지름길은 존재하지 않는다.

당연한 것을 당연하게 하라. 당연한 것을 우직하게 해나가라. 뻔한 고생길이라며 남이 욕하고 버린 것을 우직하게 하라.

결국 길은 그것밖에 없다.

당연한 것을 당연히 해야만 인생을 공략할 수 있다.

당연한 것을 철저하게 하라.

나의 길을
관철한다

80

겸허함도 중요하고, 남의 의견을 받아들이는 유연성도 중요하고, 선배를 존경하는 마음도 중요하다. 그러나 인생에서는 "다들 입 다물고 저리 비켜."라는 자세로, 오직 자신만 믿고 나아가야 할 때도 있다.

"그건 무리야."

"네가 하기엔 아직 일러."

"너는 지금 잘못된 길로 가고 있는 거야."

살다 보면 누구나 한두 번쯤은 이런 말을 듣게 된다. 그때 당신은 어떻게 할 것인가? 다른 사람의 의견을 따르고, 자신의 마음은 묵살할 것인가? 아니면 자신이 관철한 나만의 길로 나아갈 것인가?

대부분의 사람이 전자를 선택한다. "모난 돌이 정 맞는다."라는 속담이 있듯이, 우리에게는 '남의 눈에 띄는 행동을 하면 철저하게 짓밟히는' 문화가 있다.

하지만 나는 말하고 싶다.

"단 한 번뿐인 인생, 하고 싶은 대로 하고 살아라."

세상에는 우리의 이익을 챙겨주겠다고 아첨하는 사람과, 자신을 뛰어넘지 못하게 방해하려고 이러쿵저러쿵 참견하는 사람이 많이 있다. 이루고 싶은 것이 있다면 그렇게 말하는 방해꾼들을 전부 밀어버리는 게 좋다.

물론 우리를 진심으로 생각해준 조언도 있을 테지만, 그렇다고 해서 반드시 그 조언을 따라야 우리가 원하는 결과를 얻을 수 있다고 단정할 수는 없다.

그 사람은 자신의 가치관으로 우리에게 조언해준 것뿐이다. **'당신에게 있어서 행복이 무엇인지'**는 알지 못한다. 그것을 알고 있는 사람은 바로 당신뿐이다.

다른 사람의 의견을 따라 엉뚱한 목적지에 도착하는 것은 의미 없지 않은가?

인생에는 그런 잡음을 전부 물리치고 자신이 믿는 길로 나아가는 시기가 필요하다.

내 길은 내가 만드는 거다.

"하고 싶은 것은 지금 당장 한다." "운명은 스스로 바꾸는 거다." "넘어지면 일어나면 된다." "내 마음에 솔직해지자." "내키지 않는 모임은 거절한다." 스트레스 없는 삶을 살고 싶다면 이렇게 나만의 규칙을 정해놔야만 한다. 규칙을 정하면 탈출구가 보인다. 이 장에서는 내가 정한 나만의 규칙을 소개하겠다.

근거 없는 자신감을
갖기로 결심한다

81

자신감은 노력한 시간, 시도한 횟수, 성공 경험에 의해 천천히 형성된다. 따라서 아직 경험이 부족한 사람은 자신감이 없는 게 당연하다.

그러나 "아직 실적이 없어서……." "아직 경험이 부족해서……." 라는 핑계로 도전을 피하면 아무리 시간이 흘러도 경험은 쌓이지 않고, 나아가 자신감은 계속 바닥을 칠 것이다.

그럼, 아직 경험이 부족한 사람은 어떻게 자신감을 갖고 첫발을 내디뎌야 할까?

대답은 간단하다. 근거 없는 자신감을 가지면 된다. 실적도 경험도 없을 때는 근거 없는 자신감으로 모든 일에 도전하면 된다.

"왠지 할 수 있을 것 같아."

아무 근거 없이 이렇게 생각한 적이 있을 것이다. 그리고 겨우 도전할 마음이 생겼는데 "인생은 그렇게 호락호락하지 않아." "넌 아직 무리야." 하고 주변에서 말리는 바람에 자신감이 꺾인 적도 있을 것이다.

대부분의 사람이 이 단계에서 포기한다. 그러나 그건 너무 안타까운 일이다. '왠지 할 수 있을 것 같다'는 마음은 매우 중요하다.

인생은 행동력을 갖고 꾸준히 노력하는 사람에게는 너무나 호락호락하다.

자신의 직감을 믿어보길 바란다.

사실 도전하는 사람은 그리 많지 않다. 따라서 라이벌은 의외로 적을 수 있다. 해보고 싶다고 생각하는 사람이 100만 명이라면, 실제로 해보는 사람은 1만 명이고, 포기하지 않고 꾸준히 하는 사람은 100명도 채 되지 않는다. 원래 다 그런 것이다.

입으로만 움직이는 100만 명을 보고 겁먹지 마라. 일단 하라.

끈기 없는 1만 명은 옆으로 제쳐두고, 계속해나가라.

남은 100명이 진짜 라이벌이다. 힘을 내어 그들을 물리쳐라.

이제 뭔가 할 마음이 들지 않는가?

재능을 충분히 활용하기로
결심한다

82

하고 싶은 것이나 인생에 집중할 거리가 보이지 않는 사람도 있을 것이다. 그럴 때는 단순하게 **"어떻게 하면 내 지식, 능력, 재능을 살려 다른 사람을 행복하게 해줄 수 있을까?"** 를 생각해보자.

생활을 이어나가기 위해서는 돈이 필요하다. 내 시간을 할애해 나의 지식, 능력, 재능과는 관계없는 일을 해서 돈을 벌 수도 있다. 그러나 그것은 우리의 지식, 능력, 재능을 허비하는 행동이다.

우리의 지식, 능력, 재능은 그냥 있을 때는 돈이 되지 않는다. 그러면 어떻게 해야 돈이 될까?

방법은 간단하다. 그것들을 활용해 누군가에게 도움을 주는 방법을 생각하면 된다.

사람은 자신의 행복을 위해서는 아낌없이 돈을 투자한다. 우리의 지식, 능력, 재능이 누군가의 행복이 되었을 때 우리는 그것을 활용해 돈을 벌 수 있다. 그 기술만 몸에 익히면 된다. 흔히 말해, 돈이 안 드는 서비스로 수익을 창출하는 것이다.

돈에 구애받지 않을 만큼 많은 돈을 버는 것도 중요하지만 **자신의 지식, 능력, 재능을 충분히 활용했다는 느낌과 잠재력을 충분히 살렸다는 느낌은 그 무엇과도 바꿀 수 없는 행복감을 안겨준다.**

게다가 자신의 능력과 세상의 요구가 맞아떨어지면 더 많은 돈을 벌 수 있게 된다.

그러니 안심하라. 또한 누군가를 행복하게 만들어주면서 돈을 버는 것이기 때문에 인생은 더할 나위 없이 좋아진다.

자신을 희생해 남을 행복하게 만들어주는 것은 추천하지 않지만, 이것은 자신의 행복을 위해 남을 먼저 행복하게 만들어주는 행동이기 때문에 시도해볼 가치가 있다.

건강해지기로
결심한다

2장의 어느 항목에서 '정답은 없다'고 말했지만, 지금부터 나는 정답을 말하겠다. 잘 듣기 바란다.

건강과 맞바꿀 만큼 의미 있는 일은 이 세상에 없다. 절대로.

사회는 때때로 너무도 냉정하다. 몸과 마음을 해칠 만큼 많은 업무량이 쏟아질 때도 있을 것이다. 마음이 가지 않는 일, 낯선 환경 등 다양한 이유로 육체적·정신적으로 고통스러울 때도 있을 것이다.

그럴 때는 절대 무리하지 마라. 깨진 유리 조각은 원래 상태로 되돌아오지 않는 것처럼, 몸과 마음도 한번 깨지면 원래 상태로 되돌아오기 어렵다. 아니, 한번 깨지면 더욱더 깨지기 쉬워진다.

정말 괴로울 때는 모든 걸 내려놓고 잠시 쉬어라.

본인의 마음을 무시하지 마라.

"이대로 가다간 몸과 마음이 부서져버릴 것 같아."라는 생각이 든다면 여력이 있을 때 도망쳐라. 폭발 일보 직전까지 참지 마라.

인간은 기본적으로 자신의 몸과 마음의 한계를 알지 못한다. **나쁜 환경을 견디다 보면 사고회로는 멈추게 된다.** 직장에서 자존심이 바닥나고, 수면부족으로 자율신경이 망가지면 정상적인 판단을 할 수 없게 된다.

쓰러지고 난 후에 후회해봐야 아무 의미 없으니 움직일 수 있을 때 도망쳐라. 끈기 없다, 무책임하다, 한심하다, 나약하다 등 매정한 말을 하는 사람들이 있겠지만, 무시하면 그만이다.

아니, 그냥 싹 다 무시하라.

남의 눈을 의식하다가 도망갈 타이밍을 놓치는 꼴을 나는 더는 보고 싶지 않다. 그래봤자 자기 몸과 마음만 다치는 거다. 우선은 자신의 몸과 마음부터 지켜라.

시작은 거기서부터다.

무엇이든 하기로
결심한다

84

내 마음이 전혀 내키지 않는 일은 하면 안 된다. 내 인격을 모독하는 사람에게서는 도망쳐야 한다. 그러나 내 인생을 다 바쳐서라도 꼭 이루고 싶은 목표가 있다면, 그것을 이루기 위한 노력과 인내는 피하지 말아야 한다.

하기 싫은 일은 그만두면 된다. 그만두는 게 맞다. 그러나 내가 진짜 하고 싶은 일이라도 그 안에는 하기 싫은 일이 반드시 존재한다. 그것까지 피한다면 아무것도 할 수 없다.

각오를 다져라.

물론 노력한다고 반드시 성공하는 건 아니다. 솔직하게 말하면 성공에는 운이 필요하다. 그러나 노력하지 않으면 반드시 실패한다.

성공한 사람들은 모두 노력가다. 이것은 틀림없는 사실이다.

성공을 꿈꾸고 목표달성을 꿈꾸는 사람에게는 '노력'이라는 선택지밖에 없다.

노력 없이 성공할 가능성은 0%다. 성공 가능성이 제로인 길을 갈지, 아니면 성공 가능성이 조금이라도 있는 길로 갈지는 본인이 결정하는 거다.

인생은 짧다. 하고 싶은 것을 찾았다면 게으름 피우지 말아야 한다. 사기나 범죄만 아니면, 성공에 필요한 것은 전부 해야 한다. 목표를 향해 노력하는 매일은 매우 짜릿할 것이다.

착각하지 말아야 할 것이 있다. 나는 모든 사람이 목표를 향해 노력하는 삶을 살아야 한다고 말하는 게 아니다. 여유롭게 즐기면서 사는 것도 하나의 인생이다. 노력하고 싶은 사람만 노력하고, 여유롭게 있고 싶은 사람은 여유롭게 지내도 된다고 생각한다.

그러나 자본주의가 지배하는 이 세상은 노력하지 않는 사람에게는 좋은 생활을 제공해주지 않는다. 아직 베이직 인컴(모든 국민에게 일정 금액을 지급하는 정책)이 도입될 기미는 보이지 않는다.

따라서 나는 보다 좋은 생활을 위해 노력하는 편이 좋다고 생각한다. 그렇지 않은가?

칭찬하기로
결심한다

85

칭찬에는 오로지 장점만 있다.

1. 누군가를 칭찬하면 칭찬받은 사람은 기분이 좋아진다. 기분이 좋아진 그 사람은 칭찬한 사람에게 친절을 베푼다.

2. 칭찬받아 기분이 좋아진 상대방을 보며 "내가 정말 좋은 일을 했구나." 하고 자신의 기분도 좋아지고, 자존감도 높아진다.

3. 칭찬을 생활화하면 상대방의 단점보다 장점을 찾는 버릇이 생긴다. 그러면 단점은 눈에 들어오지 않게 된다.

4. 상대방의 장점이 눈에 들어오면 "내 주변에는 좋은 사람만 있구나." 하며 행복감에 젖게 되고, 사람을 소중히 대하는 습관이 생긴다.

원더풀! 이것은 칭찬이라는 단순한 행위에서 시작된 긍정적인 순환이다.

칭찬은 이처럼 멋진 일이다.

칭찬의 중요성은 상사와 부하 관계에서도 마찬가지다. 상사 중에는 칭찬하는 타입과 혼내는 타입이 있다. 물론 아무리 혼나도 눈 하나 깜짝 안 하는 사람도 드물게 존재하지만, 대부분은 혼나면 기분이 상하고 칭찬받으면 기분이 좋아진다.

무언가를 가르치고 지도하는 사람 입장에서는 혼내고 윽박지르는 게 편할지도 모르지만, 사람은 칭찬을 받아야 압도적으로 성장할 수 있다. 따라서 어쨌든 칭찬을 기본 방침으로 세워야 한다.

'혼낸다'는 행위를 극적으로 활용하기 위해서도 칭찬은 매우 중요하다. 자녀든, 부하든 그를 혼내는 열 배만큼 칭찬하라.

노력과 성과는 무시한 채 실수만 혼낸다면 상대는 어떻게 될까? 반발심만 커질 것이다.

우선은 평소에 많이 칭찬하면서 신뢰관계를 쌓는 것이 중요하다. '늘 응원하고 있다'는 마음을 어필하는 것이다. 이렇게 신뢰관계를 쌓은 후 잘못에 대해 혼내면 상대방도 그 지적을 솔직하게 받아들일 것이다.

무조건 혼내는 것이 능사는 아니다. 누군가를 혼낼 권리를 갖고 싶다면 그 열 배 이상 칭찬해야 한다.

모든 사람에게 배우기로
결심한다

86

주변에 진심으로 존경할 만한 사람이 없을 수도 있다. 아니, 존경을 떠나 모든 사람에게는 '장점'과 '단점'이 있다. 존경할 만한 점도 있지만 존경할 수 없는 점도 있는 게 당연하다.

상대방의 모든 면을 존경할 수 없어도 괜찮다.

한 면만 보고 그 사람과 바로 관계를 끊는 것은 매우 안타까운 일이다. 상대방의 존경할 수 있는 부분은 그대로 습득하고, 존경할 수 없는 부분은 반면교사로 삼으면 된다. 그렇게 하면 **모든 사람을 내 스승으로 만들 수 있다.**

모든 사람에게 배우겠다는 자세로 사람을 만나면 성장 속도는 매우 빨라진다. 설령 상대방이 마음에 안 드는 행동을 해도 "나는 저런 행동은 하지 말아야지." 하고 생각하면 스트레스는 줄어든다.

존경하는 사람에게서는 좋은 자극을 받고, 존경할 수 없는 사람에게서는 나쁜 점을 철저하게 배우자. 그러면 우리는 완전무결한 슈퍼맨이 될 수 있다.

내키지 않는 권유는
거절하기로 결심한다

87

내키지 않는 일이나 모임을 제안받았을 때 어떻게 행동하는가? 억지로 참석하는가? 그 자리에서 바로 거절하는 것은 실례니 조금 시간을 두고 거절하는가?

동조 압력이 강한 우리 사회에서는 거절을 어려워하는 사람들이 많고, '당장 거절한다'는 선택지를 고르지 못하는 사람도 많을 거라고 추측되지만, '당장 거절'하는 편이 상대를 위해서도 나를 위해서도 가장 좋은 선택지라고 나는 강하게 주장한다.

내키지 않는 일이나 모임은 그 자리에서 당장 거절하는 것이 좋다.

"바로 거절하는 건 실례 아닐까?" "내키지 않으니까 나중에 거절하자." 이런 생각으로 대답을 뒤로 미루는 것은 최악이다. 답을 미루면 상대방은 필요한 인재를 제때 구하지 못하거나, 참가 인원수나 스케줄 확정이 늦어지는 등으로 곤란해지고, 일단 내 쪽에서 수긍을 했기 때문에 결과적으로는 그의 기대를 배신하는 꼴이 되어 나에 대한 인상도 더 나빠진다.

게다가 확답을 할 때까지 "어떻게 거절하지?" 하는 불필요한 압박 때문에 정신적으로 상당히 부담된다. 최악의 경우에는 거절하는 방법을 잊어버릴 가능성도 있다.

내키지 않는 일이나 권유는 가능한 한 빨리 거절하는 것이 예의다. 그편이 상대방을 도와주는 것이고, 자신도 편안해지는 방법이다.

그러나 2초 만에 거절해버리면 상대방도 상처받을지 모른다. 그럴 때는 **약간의 연기**를 해보자.

직접 얼굴을 보고 대화하는 경우라면 스마트폰의 스케줄표를 확인하면서 중요한 일이 있는 것처럼 미안한 듯 거절하는 방법이 있다. 전화나 메일의 경우라면 상대방에게 "스케줄을 확인한 후 30분 이내에 다시 연락드리겠습니다." 하고 말한 후 20분 정도 지난 후에 미안한 듯 거절하는 방법이 있다. 이것은 모두 내가 자주 사용하는 방법들이다.

앞으로 내가 미안한 척 거절할 때마다 "이 녀석, 또 이 수법 쓰네." 하고 상대방이 생각할지도 모른다. 내가 이런 위험을 안고 모두에게 전하는 것이니까, 이 방법을 꼭 헛되지 않게 잘 사용하기 바란다.

하고 싶은 일은 미루지 않기로
결심한다

88

　　　이것은 단순한 충고가 아니다. 하고 싶은 일은 반드시 하
면서 살아라.

　'인간은 죽기 직전에 무엇을 후회하는가'를 조사한 데이터는 수
없이 많은데, 그중에서도 상위 링크를 차지하는 것이 바로 '하고 싶
은 걸 하지 못하고 살았다'는 것이다.

　"어리석은 사람은 경험에서 배우고, 지혜로운 사람은 역사에서
배운다."라는 유명한 말이 있다. 누가 처음 한 말인지조차 모를 정
도로 유명한 이 말은 '앞서 살아본 사람들의 말이 답'이라는 것을
알려준다.

　'하고 싶은 걸 하지 못하고 살았다', 죽기 직전에 이것을 가장 많
이 후회한다는 것은 우리보다 먼저 살다 간 사람들이 "하고 싶은

것을 포기하면 후회할 거다."라고 말해주는 것과 같다.

인생은 한 번뿐이다. 하고 싶은 것이 있다면 주저하지 말고 하라. 위법행동이 아닌 이상 누구의 눈치도 볼 필요 없다.

"그때 그걸 했어야 했는데." 이렇게 생각하며 살고 싶은가? 적어도 나는 절대 그렇게 살고 싶지 않다.

"해도 후회 안 해도 후회"라고는 하지만, 인간은 해서 후회하는 일은 거의 없다. (물론 앞으로의 인생에 지속적으로 악영향을 주는 너무나도 어리석은 선택은 있지만.)

일단 해보면 적어도 결과는 알게 되니까 후회는 줄어든다. 그러나 하지 못한 후회는 계속해서 가슴에 남게 된다.

도전할 용기가 없다고? 한 번 실패로 인생은 끝나지 않는다. 걱정하지 않아도 된다.

성공한다면 무용담이, 실패한다면 에피소드가 될 것이다. 따라서 어느 쪽이든 대성공이라고 할 수 있다.

진짜 실패는 자신의 속마음을 감추고 억누르는 것이다.

억눌렀던 속마음을 해방시켜 보자. 하고 싶은 것을 하면서 살아 보자.

행운을 만들겠다고
결심한다

89

성공한 사람들이나 부자들은 "나는 운이 좋은 사람"이라고 말한다. 그러나 사실 그들은 운이 좋은 것이 아니다. 그들 자신조차 모르는 경우가 많은데, 그들은 운을 스스로 만드는 습관과 실력을 가졌을 뿐이다.

아무 노력도 하지 않는 사람에게는 좋은 기회가 찾아오지 않는다. 만에 하나 그런 사람에게 좋은 기회가 찾아온다 해도 그는 그것을 좋은 기회라고 생각하지 않는다. 또는 좋은 기회라고 생각해도 그것을 잡을 실력이 없어 놓치고 만다.

운이란 꾸준한 노력과 기회가 만났을 때 비로소 손에 들어오는 희소한 것이다.

평소에 노력하고, 무언가에 도전하고, 계속 공부하고, 인덕을 쌓고, 넓은 인맥을 가져야 그렇지 않은 사람보다 훨씬 많은 운을 만날 수 있다.

게다가 노력하는 사람은 그 운을 잡을 수도 있다. 평소에 착실하게 준비해 실력을 키웠기 때문이다.

운이란 '좋은 습관'과 그 습관에 의해 자라난 '실력'의 보상이다. 운이 좋은 사람은 앞으로도 계속해서 운이 좋을 것이다.

운이 나쁜 사람, 그들은 운이 나쁜 것을 운 탓으로만 돌려서는 안 된다. 인생이 잘 풀리지 않는 것은 운 때문만은 아니다. 그것은 습관 때문이기도 하고 실력 때문이기도 하다.

습관이라면 바꿔야 하고, 실력이라면 키워야 한다.

먼저 사과하기로
결심한다

90

사과가 서툰 사람은 '사과는 지는 것'이라고 인식하는 경우가 많은데, 절대 그렇지 않다. 사과는 상대방의 분노를 재빨리 진정시켜서 문제를 해결하고 결과를 호전시키는 좋은 방법 중의 하나다.

누군가와 분쟁이 일어났을 때 '저 사람이 나빴다'는 등의 생각은 바람직하지 않다. 우리의 목적이 '상대방과 화해하는 것'이라면 **누가 나쁜지는 따질 필요가 없다.** 중요한 것은 다시 대화할 수 있는 상태로 되돌려놓는 것뿐이다.

그러기에는 '빠른 사과'가 가장 유효하다. 이것을 알았다면, 자신이 먼저 사과하면 그만이다.

내가 잘못하지 않은 경우라면, '문제의 책임이 나에게 있다'고 인정하지 않으면서 사과하는 방법도 있다. 문제의 원인과 추궁은 일단 옆으로 제쳐두고 "기분 나쁘게 해서 미안하다."라고 사과하는 방법이다. 잘잘못을 떠나 일단 상대의 기분을 상하게 한 것은 사실이니까 그 부분을 솔직하게 사과하면 문제는 더 이상 커지지 않는다.

트러블이 일어났을 때는 원인 제공자가 자존심 때문에 사과하지 않는 경우가 많다. 그럴 때는 이쪽에서도 "내가 잘못한 게 아니니까." 하고 자존심을 지키고 있을 필요 없다. 누가 먼저든 사과하지 않으면 문제가 길어져 사이가 악화되기 쉽다.

대부분의 경우 분쟁이 일어났을 때 먼저 사과하는 사람이 약자가 아니라 오히려 그릇이 큰 강자라고 할 수 있다. 문제가 생겼을 때 이런 큰 그릇의 여유를 보여주자. 깨끗하게 사과하고 일을 호전시키는 사람이 멋있는 사람이다.

운명을 따르지 않기로
결심한다

91

"노력은 열매를 맺어주지 않는다." "재능 앞에서는 노력도 허사다."라는 말들이 있다.

실제로 이것도 일리 있는 말이다. 확실히 세상에는 노력만으로 되지 않는 일이 있고, 노력가를 뛰어넘는 엄청난 천재들도 있다.

그러나 노력하면 불가능은 사라진다, 노력은 재능을 능가한다고 생각해야 내 미래가 꿈과 희망으로 차올라 즐거워지지 않을까? 적어도 나는 인생을 즐겁게 살고 싶어서 '노력하면 뭐든 할 수 있다'고 생각하고, 그래서 내가 하고 싶은 일에는 전력을 쏟아붓는다.

노력하면 인생은 보다 나아진다는 확신이 있고, 인생은 운명이 아닌, 마음먹기에 달려있다고 나는 생각한다.

즉 인생은 내 의지로 컨트롤할 수 있는 것이라고 믿는 것이다. 그렇게 생각하는 편이 마음 편하고, 나는 당신도 그렇게 생각하길 바란다. (이렇게 생각하기 힘들다면 정답은 여러 개니까 당신만의 생각을 찾길 바란다.)

원래 노력은 '가지지 못한 자'에게 주는 최후의 무기다.

세상은 불공평한 곳이어서 확실히 천부적인 재능과 환경의 차이는 있다. 그러나 그것을 뒤집을 최후의 수단은 반드시 존재한다. 그것은 바로 '부단한 노력'이다.

재능도 없고 노력도 하지 않으니까 아무것도 할 수 없는 것이다. 노력은 무엇을 하든 간에 반드시 필요하다. 따라서 "노력은 허사다."라는 생각은 인생에 방해만 될 뿐이다. 노력을 부정하는 것은 인생을 비관하는 것과 같다.

재능이 없다고? 환경이 나쁘다고? 설령 그게 사실이라도 운명을 묵묵히 받아들일 필요는 없다. '운명을 따르겠다'는 말은 자기 힘으로 인생을 개척해갈 각오가 없는 사람이 늘어놓는 변명일 뿐이다.

운명? 그딴 것은 노력으로 넘으면 된다.

기분 좋기로
결심한다

92

    사소한 일로 하루가 엉망이 된 적이 있다면 한 가지 의식해야 할 점이 있다. 그것은 우리의 인생에는 몇 가지 항목이 있다는 점이다.

인간관계, 연애, 결혼, 건강, 경제적 상황, 일, 가족, 취미 등 우리의 인생은 복수 항목으로 구성되어 있다. 이들 중 한두 개가 무너졌다고 불행해지거나 불쾌해지는 것은 매우 안타까운 일이다.

사소한 일로 하루가 엉망이 돼버리는 사람은 한 가지 항목에 정신이 지배된 상태다.

이를테면 애인과 싸워 불행해진 사람. 또 일이 잘 풀리지 않아 불쾌해진 사람. 전체적인 균형으로 보면 인생은 매우 순조롭게 돌아가고 있는데도 불구하고 한두 가지 일로 불행을 느껴버리면 정신은 불안정하게 된다.

또한 인생에 있어서 모든 일이 잘 흘러가는 일은 거의 있을 수 없다. 따라서 모든 일에 완벽을 추구하는 한 스트레스는 계속 쌓일 것이다.

한두 가지 항목이 잘 풀리지 않는다고 불행을 느껴버리면 다른 항목에도 악영향을 끼치게 된다. 일이 잘 풀리지 않는다고 가족에게 화풀이를 하거나, 애인과 헤어졌다고 회사에 나오지 않는 등 그 예는 충분히 들 수 있다.

각 항목은 별개라고 생각하자. **한 가지 항목이 잘 풀리지 않을 때는 잘 풀리는 다른 항목에 주목해 '인생이 순조롭게 흘러가고 있다'고 인식하는 것이 좋다.**

단 하나의 항목이 잘 풀리지 않는다고 해서 초조해할 필요도, 불행해할 필요도, 불쾌할 필요도 절대 없다.

애인과 싸웠지만, 일은 최고조다. 일은 실패했지만, 부부 관계는 최고다. 건강은 잃었지만, 적금과 나를 응원해주는 가족이 있다.

나쁜 일이 생기면 그 일에 집중하기 쉽지만, **나쁜 일이 생길수록 인생의 좋은 부분에 집중해야 한다.**

착하게만 굴지 않기로
결심한다

93

부당한 일을 당했다면 한 번은 웃으며 용서해라.

두 번째에는 경고해라.

세 번째에는 되갚아줘라.

당할 때마다 되갚아준다면 끝이 없지만, 그렇다고 갚아주지 않으면 약자로 인정돼 계속해서 당하게 된다.

한 번은 참아도 되지만, 착함은 약함으로 오해받기 쉽기 때문에, 두 번째에는 경고하고 세 번째에는 되갚아줄 필요가 있다.

안타깝게도 세상에는 착한 사람을 약자로 착각하는 사람들이 많이 있다. 그러니 한두 번만 참아주자. **세 번 이후로는 자비 없이 되갚아라.**

"눈에는 눈, 이에는 이."

약간 올드한 버전이지만, 세상은 착하게만 살 수 없다. 웃는 얼굴
은 두 번이면 충분하다.

가능성을 만들기로
결심한다

94

무언가에 도전하려고 하면 "너는 무리야." "그건 불가능한 도전이야."라며 우리의 도전을 부정적으로 말하거나 의욕을 꺾는 사람들이 반드시 나타난다.

그런 사람은 꼭 있으므로 어떻게 대처해야 하는지 똑똑히 말해 두겠다.

무시해라. 싹 잘라 무시해라.

그 사람은 신이 아니다. 따라서 어떤 말을 한다고 해도 아무 효력이 없다.

더 자세히 말하면, 본인이 도전하지 못해서 지레 겁먹고 그런 소리를 하는 것이다. 본인이 못하는 것은 남도 못할 거라고 생각하는 것이다.

자신은 하지 못했는데 우리가 성공하면 배 아프니까 그게 두려운 것이다.

물론 그 심정은 이해한다. 실패를 두려워해 움직이지 않는 것은 본인 마음이다. 그러나 도전하는 사람까지 방해할 필요는 없다. 그런 사람은 그냥 방구석에 앉아 가만히 있으면 된다.

성공할지 실패할지는 직접 해봐야 알 수 있다. 따라서 **가능과 불가능을 알기 위해서는 직접 해보는 수밖에 없다.**

나의 가능성은 남이 결정할 수 없다. 내 가능성을 만들어주는 사람은 나 자신이다. 가능할지 불가능할지 결정해주는 사람은 바로 나 자신이다.

설령 부모의 말이라도, 존경하는 사람의 말이라도, 내 가능성을 마음대로 규정하는 말에 귀 기울이지 마라.

내 가능성을 규정하는 사람은 오직 나 자신뿐이다. 이것을 명심하라.

좋아하고 잘하는 일을
선택하기로 결심한다

95

어차피 일을 해야 한다면 '좋아하고' '잘하는' 일을 선택하자.

좋아하는 것은 언젠가 잘할 수 있게 되고, 잘하는 것은 언젠가 좋아하게 된다.

좋아하지도, 잘하지도 않는 것을 직업으로 삼으면 우리의 재능이 쓸모없어지고 만다. 싫어서 억지로 하는 일은 스트레스의 원인이 되기도 한다.

물론 생활을 위해 좋아하지도, 잘하지도 않는 일을 해야만 할 때도 있다. 그러나 장기적인 시점으로 보면 좋아하고 잘하는 일을 하는 편이 전문성과 희소성을 획득할 수 있고, 그것은 높은 연봉으로도 이어진다. 따라서 경제적 합리성을 따져보아도 좋아하고 잘하는 일을 선택해야 한다.

일하는 시간은 인생의 대부분을 차지한다. 그 시간을 좋아하지도, 잘하지도 않는 일에 할애한다면 인생은 너무나 고달파진다. 물론 급여도 중요하지만, 그것과 마찬가지로 일을 즐길 수 있는지, 일을 좋아하는지, 보람이 있는지, 존경할 수 있는 동료가 있는지 등등도 매우 중요하다.

즐기는 인생이 이기는 인생이다.

열정을 갖고 몰두하거나 자신만만하게 해낼 수 있는 일을 하면 인생은 반드시 즐거워진다. 일에 만족도가 높으면 인생의 만족도도 올라간다고 말해도 과언이 아니다.

즉 좋아하고 잘하는 것을 직업으로 선택할 것.

이미 좋아하지도 잘하지도 않는 일을 선택한 사람들도 안심하기 바란다. 인생 100세 시대, 전직을 반복하는 것이 당연한 시대가 되었다.

아직 늦지 않았다. 시작이 반이다. 인생에서 가장 젊을 때는 바로 지금이다.

과거의 나와 헤어지기로
결심한다

96

"나를 바꾸고 싶다.""내 인생에 만족하지 못한다." 만약 당신이 이런 생각을 하고 있다면, 나는 당신에게 축하한다고 말해주고 싶다.

자신을 바꾸고 싶은가? 인생을 바꾸고 싶은가? 그러나 뭔가 불안한가?

그럼 안심해도 좋다. **바꾸고 싶다는 의지만 있으면 사람은 반드시 바뀔 수 있다.**

자신을 바꾸는 데에 필요한 것은 바뀌고 싶다는 의지와 약간의 용기 그리고 행동뿐이다.

또한 변화에 성공하면 우리는 이상향에 가까운 인생을 손에 넣을 수 있게 된다. 의지, 용기, 행동을 갖춰서 나를 바꿀 길을 걸어가는 순간 우리의 인생은 빛나기 시작할 것이다.

명심하기 바란다. 내일을 좋게 만드는 것도, 나쁘게 만드는 것도 전부 자기 손에 달려있다. 밝은 미래는 이미 우리의 손안에 있다.

물론 어설프게 바꾸려고 해서는 안 된다. '나를 바꾼다'는 것은 자기 자신에게 혁명을 일으키는 것과 같다. 쿠바의 혁명가 체 게바라는 "단 한 발의 총알도 쏘지 않고 어찌 혁명할 수 있겠는가?"라고 말했다. 나를 바꾸기 위해서는 자기 자신에게 총구를 들이대고 방아쇠를 당겨야만 한다.

과거의 나와 결별해야 한다.

처음에는 누구나 두려울 것이다. 고통스럽기도 할 것이다. 그러나 평온이 찾아오는 것은, 최고의 인생이 찾아오는 것은, 자기혁명에 성공한 후다.

우선은 각오를 다지고 행동을 일으켜라. 당신에게는 그만한 힘이 있다.

다시 한번 말하겠다. 필요한 것은 의지, 용기, 행동뿐이다. 나를 바꾸고 싶다고 생각한 시점에 이미 의지는 생긴 것이고, 용기와 행동은 의지만 있으면 어떻게든 짜낼 수 있다.

무기는 모두 갖춰졌다. 자신의 힘을 믿어라.

당신이라면 할 수 있다.

어떻게든 하기로
결심한다

97

착각하는 사람이 많은데, 아무 생각 없이 "어떻게든 되겠지." 하며 안일하게 있는 것은 긍정적인 사고가 아니다. 이것은 그저 사고 정지다. 태평한 생각일 뿐이다.

"어떻게든 되겠지."라는 생각은 언뜻 보면 스트레스가 없는 사고 방식처럼 보일 것이다. 그러나 사고가 정지하면 인생은 뜻대로 풀리지 않아 나중에는 엄청난 스트레스에 휩싸이게 된다.

진짜 긍정적인 사고는 최악의 사태를 예상한 후에 **"그래도 나라면 어떻게든 해결할 수 있을 거야."**라고 믿고 돌파해나가는 사고다. '어떻게든 되겠지'가 아니라 '어떻게든 하겠다'의 사고다.

전자에는 "누군가가 어떻게든 해주겠지. 기적이 일어나겠지." 하며 외부에 의지하려는 무책임한 생각이 배후에 깔려있다. 후자는 무책임하지 않다. 언젠가 발생할지 모르는 문제를 예상하고, 해결 방안을 모색하며, 강한 의지로 계속해서 전진해나간다.

그것이 진짜 긍정적인 사고의 모습이다. 앞으로 계속해서 나아가는 사람만이 원하는 것을 손에 넣을 수 있다.

이제부터 진짜 긍정적인 사고를 해보자.

신경 쓰지 않기로
결심한다

98

나에 대한 뒷담화가 들려와도 모두 할 일 없는 사람들의 말장난이니 신경 쓸 필요 없다.

일적으로든, 사적으로든 행복한 사람은 굳이 남을 헐뜯지 않는다. 자신이 못나서 불행하고, 할 일이 없으니까 남의 뒷담화를 하는 것이다. 따라서 나의 뒷담화가 어디선가 들려오면 "할 일도 참 없나 보다." 하고 생각하는 편이 좋다. 그런 사람은 상대해봐야 좋을 거하나 없다.

그러나 역시 신경 쓰이는 것이 사람의 심리다. 따라서 뒷담화에 반응하지 않을 방법을 하나 전수하겠다. 바로 **뒷담화를 낚싯바늘이라고 생각하는 것이다.**

'반응한다=낚싯바늘을 물었다'라는 이미지로 보는 것이다. 상처

받고, 울컥 화를 내고, 스트레스를 받는 등 그 어떤 반응을 한 시점에 우리는 낚싯바늘을 물게 되는 것이다. 무는 순간 우리의 손해가 확정된다.

생각해보라. 뒷담화하는 사람의 목적은 상대방을 화나게 만들고 슬프게 만드는 것이다. 의도대로 그 낚싯바늘을 물 필요가 있을까? 절대!

반대로 말하면, 반응조차 하지 않으면 뒷담화는 우리에게 그 어떤 영향도 미치지 못한다.

"아, 저기에 낚싯바늘이 있네. 신경은 좀 쓰이지만 무시하자!"

이렇게 냉정하게 대처하면 낚싯바늘은 우리에게 아무 짓도 할 수 없다. 물지만 않으면 낚싯바늘 따위는 두려워할 필요가 없다.

반응하지 않으면 뒷담화 따위는 힘을 잃게 된다.

적에게 나를 상처 줄 힘을 주지 마라. 낚싯바늘이 보이면 재빨리 도망쳐라.

낚시꾼은 물고기가 낚싯바늘을 물기 전까지는 물고기에게 아무 짓도 하지 못한다. 이와 마찬가지로 험담도 상대방이 반응하기 전까지는 아무 짓도 하지 못한다.

계속 무시하면 아무 수확 없이 물러날 뿐이다. 그러니 반응하지 마라.

내 마음에 솔직해지기로
결심한다

99

후회 없는 결정을 하기 위해 필요한 것은 단 하나다. 자신의 마음에 솔직해지는 것. 이것뿐이다.

인생에 있어서 큰 결정, 이를테면 진학이나 취직을 할 경우에는 다른 이들이 내 결정에 이러쿵저러쿵 말들이 많을 것이다. "부모님을 생각해서라도 이렇게 해야 한다." "그런 결정을 내리면 세상 살기가 힘들어진다." 등 다양한 이유를 대며 내 결정을 묵살해버릴지도 모른다. 그래서 결국은 남들이 말하는 대로 진로를 결정해버리기도 할 것이다.

이것은 후회의 첫걸음이다. 경제적으로 성공하든, 세상에 인정을 받든, 자기의 마음을 무시한 결단은 반드시 후회를 낳는다.

내 마음 이상으로 중요한 조언은 존재하지 않는다.

생각해보라. 어떤 결과가 나와도 타인은 우리의 인생을 책임져주지 않는다. 결국 내 인생을 책임질 사람은 나 자신밖에 없다.

나의 마음, 능력, 목표 등을 나 이상으로 이해해주는 사람은 이 세상에 없다. 그러니 다른 사람의 의견을 그대로 받아들이는 것이 얼마나 바보스러운 일인가.

타인의 의견을 따라 결정해서 그것이 실패한다면 그 책임은 누구에게 있을까? 최종적으로 그 사람의 의견을 따르겠다고 결정한 사람은 바로 나 자신이다. 그러니 책임은 모두 나에게 있다.

물론 타인의 의견을 참고하는 것은 좋다. 오히려 인생 선배나 경험자의 조언은 감사하게 받아들여야 한다. 그러나 그것을 따를지, 따르지 않을지는 자신의 머리로 생각하고 결정해야 한다.

다시 강조하지만, 무언가 결정을 내릴 때는 **자기 머리로 생각한 '결론'과 '마음'**, 이것 이상으로 중요한 것은 없다.

당신이 후회 없는 결정을 내리길 바란다.

웨이트 트레이닝을 하라!!!

CHAPTER 7

웨이트 트레이닝

Weight Training

웨이트 트레이닝을
한다

100

      지금까지 스트레스가 제로에 한없이 가까워지고, 인생을
충실하게 만들어주는 사고방식 아흔아홉 가지를 소개했다. 모두
다 지금 당장 실천할 수 있는 것들이고, 인생의 질을 높여주는 멋진
방법이라고 나는 자부한다.

    그래도 역시 구체성이라는 점에서는 이 방법을 이길 만한 것이
없다. 마지막 조언이 될 테니 잘 듣길 바란다.

웨이트 트레이닝을 하라!!!

    웨이트 트레이닝은 만능 솔루션이다. 웨이트 트레이닝(부수되는
식사관리와 수면관리 포함)을 하면 호르몬 균형과 자율신경 균형이 맞
춰져 스트레스가 줄어든다. (스트레스가 없는 사고방식을 찾기 이전에 호
르몬 균형과 자율신경 균형을 맞추는 것이 우선이다. 또 규칙적인 생활과 적당

한 운동이 인생에 있어서는 최강이다. 가장 가성비 좋은 자기투자이기 때문에 이 책의 조언들을 다 제쳐두고서라도 웨이트 트레이닝만은 꼭 하길 바란다.)

또 웨이트 트레이닝을 하면 몸이 건강해질 뿐만 아니라, 매일 성장하는 자신이 좋아져서 자기긍정감에도 좋은 영향을 미친다. 몸매가 좋아져서 자신감도 높아지고 (자신의 체형을 싫어하는 것은 자신감 결여의 원인이 된다.) 뭐든지 할 수 있을 것 같은 의욕을 가질 수 있다. 또한 웨이트 트레이닝은 혼자 하는 운동이기 때문에 남의 눈을 의식하지 않게 된다.

어쨌든 웨이트 트레이닝은 참 멋진 운동이다.

나는 오늘도 웨이트 트레이닝을 하러 간다. 언젠가 기회가 된다면 헬스장에서 만나기를. 그럼, 안녕!